BEI GRIN MACHT SICH IHR WISSEN BEZAHLT

- Wir veröffentlichen Ihre Hausarbeit,
  Bachelor- und Masterarbeit

- Ihr eigenes eBook und Buch -
  weltweit in allen wichtigen Shops

- Verdienen Sie an jedem Verkauf

Jetzt bei www.GRIN.com hochladen
und kostenlos publizieren

Josef Mahlmeister

Pierre Gripari und seine Rue Broca Geschichten

Der Kölner Geschichtenerzähler Josef Mahlmeister und die legendären Erzählungen aus einer Straße inmitten von Paris

GRIN Verlag

Bibliografische Information der Deutschen Nationalbibliothek:

Die Deutsche Bibliothek verzeichnet diese Publikation in der Deutschen National-bibliografie; detaillierte bibliografische Daten sind im Internet über http://dnb.d-nb.de/ abrufbar.

Impressum:

Copyright © 2012 GRIN Verlag GmbH
Druck und Bindung: Books on Demand GmbH, Norderstedt Germany
ISBN: 978-3-656-18613-7

Dieses Buch bei GRIN:

http://www.grin.com/de/e-book/193597/pierre-gripari-und-seine-rue-broca-geschichten

Pierre Gripari und seine Rue Broca Geschichten

Der Kölner Geschichtenerzähler Josef Mahlmeister und die legendären Erzählungen aus einer Straße inmitten von Paris

Mein Dank an ein paar Menschen
und
an den einen oder anderen Engel

MEIN DANK
geht an:

Frau Mechtild Breuer, meine Kinder- und Jugendliteratur-Lehrerin, für Ihren unermüdlichen Einsatz für das Medium Buch, in meiner Ausbildung zum Erzieher.
Cheryl Chapman, für Ihre Freundschaft und Ihre Eigenschaft als Mutterersatz und Muse in der Literatur.
Brian „Fox" Ellis, für seine Darbietungen, die mich zu Tränen rührten und mich sicherlich auch zu dem Erzähler formten, der ich heute bin.
Alle meine amerikanischen Freunde - große und kleine -, die mir das „Storywatching and Storylistening" durch ihre Freundschaft, ihrer Unbefangenheit und ihr Miteinander in mein Leben gebracht haben.
Herr Habermeyer, meinem ersten Deutsch-Lehrer, der schon früh an meine Fähigkeiten geglaubt hat, und dem es gewiss zu verdanken ist, dass ich heute, hin und wieder für „nichts anderes als schöne Worte" Geld bekomme.
J.J.Reneaux deren wunderbares Buch „Cajun Folktales" mich so fasziniert hat, und die kaum dass ich den Inhalt etwas zu verstehen begann, viel zu früh verstarb (R.I.P.)

MEIN DANK
geht aber auch an:

Alle, die ich hier nicht aufzählen werde, die aber wissen, warum ich mich hiermit bei ihnen bedanke. Das sind: Ingo, Elke, Anne, Wilma, Imke, Udo, Martina, Philip, Claudia, Kurt, Marion, Micha, Sascha (Alex), Felix, und, und, und ...

Ach ja, da sind noch: Hans Joachim Gelberg, für seinen ganz persönlichen Brief. Hans Kasper, für seine brieflichen Kommentare und Tipps zu meinen ersten Gedichten. Josef Guggenmos, für seinen Kommentar und den Hinweis auf das Genre: Haiku!

Aber: Mann oh, nimmt das nie ein ...

ENDE !? ...

Oh, nein, noch nicht, denn:

„Niemand der Freunde hat, ist ein Versager!"

(Dieser Ausspruch stammt vom Engel Clarence, in dem wunderbaren Weihnachtsfilm mit dem noch wunderbareren Schauspieler James Stewart: „It´s a wonderful life" :-)

INHALT

Geschichtenerzähler findet man am Lagerfeuer
ebenso wie auf dem Weihnachtsmarkt

VORWORT

Wer kennt die Geschichte von der Hexe in der Besenkammer? Oder die von dem lieben kleinen Teufel, der nur den einen Wunsch hegt, brav zu sein und in den Himmel zu kommen? Oder die vom Riesen mit seinen roten Zaubersocken? Oder, oder, oder?

Diese drei und zehn weitere Erzählungen sind im berühmten Band des französischen Autoren Pierre Gripari enthalten. Die Kindergeschichten aus der Rue Broca in Paris.

Gripari verstarb Ende des Jahres 1990 in Paris und ruht dort auf dem Friedhof Pere Lachaise. Seine Arbeitsweise, Geschichten auf Stichwort hin, für die Kinder seiner Nachbarschaft zu erfinden, war oder ist auch die des deutschen Geschichtenerzählers Josef Mahlmeister in Köln.

Als der durch seine Französisch-Lehrerin im Jahre 1993, mit einer ersten Gripari-Geschichte, nämlich seiner Hexe in der Besenkammer konfrontiert wurde, hatte der gelernte Erzieher in Köln bereits ein Jahr zuvor seinen ersten Band: „Die Zaubergeschichten vom Zauberer Mirabellum und der Hexe Schlapperspeck", mit einer Sammlung von zehn eigenen Stegreif-Gute-Nacht-Geschichten veröffentlicht.

Zu den Inhalten der Rue-Broca-Geschichten meint er aber auch heute noch: „Es sind genau die Geschichten, die ich selbst erfunden hätte, wenn sie mir eingefallen wären!"

Der lange fast zwanzig Jahre dauernde Weg, bis es endlich im Jahre 2011 zum 20. Todestag von Pierre Gripari, die erste komplette Buchausgabe mit seinen Rue-Broca-Geschichten in deutscher Sprache gab, ist der Inhalt dieses Buches.

Es ist die Geschichte eines Lebens für die Literatur. Eine Geschichte für das Werk eines französischen Erzählers, welches im deutschen Sprachraum bekannt werden sollte. Es beschreibt nur einen Lebensabschnitt und doch das Leben von zwei Menschen aus zwei Ländern und Sprachräumen wie sie unterschiedlicher kaum sein können.

Andererseits, was die Intention des Storytellings betrifft, sich wie kaum ein anderes Leben ähneln und letztlich ergänzen! Es ist daher ein Buch mit einem Happy end. Und trotzdem ein Buch wo dieses gänzlich fehlen wird. Wer das nun nicht versteht, der muss es einfach einmal lesen. Dazu sind Bücher schließlich gemacht. Um davon zu erzählen, dafür gibt es dann die Geschichtenerzähler. Beide: Autoren und Storyteller haben in diesem Buch ihren gerechtfertigten Spiel-Raum!

Es sollte oder muss daher mit einem kurzen Exkurs über das Thema „Erzählen" beginnen und wird mit den Empfehlungen der dazugehörenden Fach- und zugegeben einer subjektiv ausgewählten Sekundärliteratur enden.

Viel Freude nun mit zwei abwechslungsreichen Leben, etwas abseits des allgemein beachteten literarischen Mainstreams! Das wünscht Euch

Josef Mahlmeister   Köln, im Mai 2012

Braunsfeld

Pierre Gripari...,

der leider in Deutschland noch weithin
recht unbekannte, französische
Kinderbuchautor,
wird von dem Geschichtenerzähler
Josef Mahlmeister
vorgestellt.

Eingeladen sind alle Kinder ab 4 Jahren
und alle im Herzen
junggebliebenen Erwachsenen

am Donnerstag, den 12. Dezember 1996
um 16.00 Uhr in die
Stadtteilbibliothek Braunsfeld.

Eintritt frei!

1. ERZÄHLEN ...

insbesondere das „freie" Erzählen
... ist EINE KUNST!

(die eigentlich gar nicht „erlernbar" ist! - „Echte" Storyteller, die sind es oder eben nicht!)

1.1 Von Idolen, Autoren und lieb gewonnenen Freunden!

Ein befreundeter amerikanischer Storyteller (auf deutsch also: „Geschichtenerzähler"), sagte uns in einem seiner Kurse einmal so etwas wie: „Leute, ihr habt eine Stimme, ein schönes oder gräßliches Lachen. Ihr habt einen Körper. Ihr habt zwei Hände, zwei Füße und ein Gesicht voller Ausdruck! Nehmt all das und benutzt es bei Euren Vorträgen!"

Ja, und er tat es! Viele andere deutsche und amerikanische Geschichtenerzähler, die ich bisher „live" erleben durfte, praktizierten es auch. Manche ohne darüber nachzudenken. Andere integrierten ganz bewußt, all jene nur ihnen angestammten und von Gott oder dem Schicksal geschenkten persönlichen Stärken und individuellen Eigenarten. Dieser eine Storyteller, er hat den Lebenshintergrund des Landes Amerika und er erfreut dort die Zuhörer mit den Erfahrungen und Erlebnissen seiner Jugend: Der Jagd nach Eichhörnchen, dem Angeln von riesigen Forellen zusammen mit seinem Vater, und vielem mehr.

Brian „Fox" Ellis aus den Staaten, er hat mich geprägt und begeistert! Begeistert haben mich aber noch viele andere. Davor und auch danach. Deutsche Erzähler etwa, wie Stefan Kuntz bei seinen Auftritten im Kölner Volksgarten. Oder Klaus Adam in der Kölner Stadtbücherei. Und ebenso die ausgebildete Märchenerzählerin Marlis Arnold. Jeder eben auf seine ihm ganz eigene Art und Weise. Und das ist auch gut so!

* *** *

Später beim alljährlichen deutschen Märchenfestival in Neukirchen-Vluyn durfte ich verschiedene Märchenerzähler und Erzählerinnen nebeneinander erleben. Bekannte wie Stefan Kuntz, neben neuen und mir bislang unbekannten wie den Bonner Peter Glass oder die ausgebildete Erzieherin Marianne Vier und den sich auf die Antike und den historischen Mythen Europas spezialisierten Vortragskünstler Kai.

Beeindruckt haben mich dann aber noch der so unscheinbar daher kommende Martin Ellrodt oder Tormenta Jobarteh, der mit selbstgezupfter Musikuntermalung seine Geschichten aus Gambia und dem Senegal darbot. Ein nachhaltiges Erlebnis, nicht nur für mich!

* *** *

Ja, und auf keinen Fall will ich den Geschichtenerzähler und Dozent der Sozialpädagogik Horst Schwarz vergessen. Er gab mir damals in einer Märchenfortbildung den Hinweis darauf, dass es Storyteller mit abgelegter Prüfung und solche ohne gibt. Er hatte natürlich keine vorzuweisen, bewies mir aber, dass er sich Storyteller im besten Sinne nennen durfte.

1.2 Verzaubern und Verhexen konnte mich bislang nur einer: Pierre Gripari!

Verzaubert und für immer geprägt aber haben mich nur wenige. Es waren Menschen wie Edith Nesbit, Mark Twain, Lewis Carroll, Joanne Rowling (mit ihrem „Harry Potter" selbst-natürlich ;-) und vor und nach allen anderen: Pierre Gripari!

Erzählen ist ein wenig Kabarett. Es ist ein wenig Clownerie und es hat etwas von Grab-rednern. Je nach Publikum und Auftragsanforderung wird der Storyteller zum geforderten Knetmännchen oder auch nicht; falls er den jeweiligen Auftrag erst gar nicht annimmt und sich und seiner Linie, sprich: damit sich und seiner ganz eigenen Art des Erzählens, des freien Vortrags, treu bleibt!

Wer vom Geschichten erzählen leben muss, der hat es heutzutage nicht einfach. Viele haben daher entweder noch einen Brotberuf oder eine Nebentätigkeit. Manche, das sind aber die wenigsten, zugegeben ich kenne keinen davon, haben eine reiche Prinzessin geheiratet und können ihren Beruf völlig frei und nach Lust und Laune ausüben.

Der Erzähler steht fast immer ganz alleine vor einem großen Publikum. Und er geht von ihm weg mit vielen Bekannt-gewordenen, manchen Freunden und dem einen oder ande-ren potenziellen sich aber vielleicht noch nicht geoutetem künftigen Auftraggeber.

1.3 Was ist eigentlich „Erzählen" und was ist ein Erzähler? - Kann das jeder?

Wie oft wurde ich gefragt, was für eine Ausbildung man braucht um Geschichtenerzähler zu werden oder Storyteller zu sein! Die Fragen kommen sehr oft auf. In Grundschulen zum Thema „Erzählen" oder auch vor, nach oder während meiner Auftritte. Dann sage ich im-mer: „Du bist doch schon ein Geschichtenerzähler! Du kannst Lieder singen. Du kennst schöne Gedichte. Du hast schon selbst so vieles erlebt. Erzähl davon, und wenn Dir je-mand länger als ein paar Minuten zuhören wird und will. Dann solltest du das einfach öfters machen. Ja, und wenn du dann irgendwann einfach nicht mehr damit aufhören kannst dann bist du einer: Ein Geschichtenerzähler!"

Ein Erzähler wird sich vom anderen wohl immer unterscheiden in dem was und wie er etwas erzählt. Zum Einen ist sein Repertoire an Geschichten immer ein anderes. Zum Anderen die Art und Weise wie er die Inhalte vermittelt.

Es gibt „geprüfte" Märchenerzählerinnen. Diese können einen Text von den Gebrüdern Grimm wortgetreu rezitieren - ... und können trotzdem total langweilig sein! Dann gibt es Storyteller, die Geschichten aus dem Bauch heraus, jeweils dem anwesenden Publikum angepasst erzählen. Sie haben vielleicht nicht diese „Prüfung" abgelegt. Aber wenn sie vor den Kindern oder Erwachsenen stehen, sitzen, tanzen oder herum albern, dann kann manchmal eine Symbiose entstehen, die man einfach nicht beschreiben kann, sondern erleben muss.

Wenn so etwas geschieht, dann ist es „Erzählen" oder „Storytelling" in höchster Vollkom-menheit, ja in einer Perfektion, und das kann geschehen mit oder ohne einer abgelegten Prüfung. Solche Events im Negativen, wie im Positiven durfte ich schon viele Male miter-leben. Bei manchen habe ich Tränen geweint, und mich keiner einzigen geschämt (etwa bei Fox). Bei anderen bin ich nach Hause gegangen und habe mir danach einen Märchenfilm angeschaut, weil wir, das Publikum und ich, bestimmt auch nicht wirklich auf unsere Kosten gekommen sind.

1.4 Meine Arbeitsstelle im Kindergarten: Input und Lebensinhalt!

Als Erzieher arbeite ich noch in einem Kindergarten. Eigentlich das Beste, was mir als Erzähler passieren kann und welches mir auch das liebste Publikum ist und bleiben wird. Dort, also für diese Altersgruppe von 3 bis 6 Jahren und darüber hinaus, entstanden und entstehen meine schönsten eigenen und selbst entwickelten Zaubergeschichten.

In diesem Alter, wird man als Erzähler, oft selbst wieder zum Kind! Mimik, Gestik, Tonfall der eigenen Stimme und die ergänzenden Stichworte, Hinweise, Einwürfe und Erfahrungen der Kinder sind so wertvoll, dass man als Erzähler eigentlich für diese Arbeit noch bezahlt werden müsste, anstatt, wie bei mir in der Eigenschaft des Erziehers auch noch dafür ein Gehalt zu bekommen.

So oder so aber profitieren beide: Die Einrichtung mit den Kindern, da sie einen preiswerten Geschichtenerzähler inkl. einem Erzieher bekommt, und ebenso ich als Erzähler, der ... soviel Input und Feed-back erhält, dass es für lange Zeit danach noch als Arbeits- also Erzählstoff zum Modellieren und Wieder neu erzählen ausreicht.

Wenn wir dann so um den Tisch, im Stuhlkreis oder in der Leseecke zusammen sitzen, dann passiert so einiges.

Lotte, 5 Jahre, bat darum: „Erzähl noch mal die Geschichte mit den Eiern!" Es dauerte etwas bis ich darauf kam, dass sie den Schwank von Till Eulenspiegel meinte.

Aptin, ebenfalls 5 Jahre, hatte sich für die Geschichte mit dem Lolli begeistert, und wollte diese noch einmal hören. Eine Geschichte, die ich schon in zwei Kindergärten erzählt hatte. Die auf Stichwort bzw. aus der Situation heraus entstand und sich dabei quasi als Stegreif-Geschichte entwickelt hat. Sie ist derzeit in Bearbeitung und soll noch als Kindergeschichte publiziert werden. Deshalb dazu vorerst keine weiteren Erklärungen.

1.5 Wo „freies" Erzählen, zur „Unfreiheit" führt, dort trifft Kreativität auf Realität!

Ein Geschichtenerzähler zu werden ist das Eine. Ein „freier" Storyteller zu bleiben. Das ist jedoch das andere. Was will ich damit sagen? Das wichtige Stichwort: „Brotberuf", als Voraussetzung für ein auch innerlich „freies" Erzählen, habe ich bereits angeführt. Wer einen Beruf hat, der ihn über Wasser hält, der wird kein Wasser schlucken und somit in seiner Berufung als Storyteller auch vorzeitig nicht ertrinken müssen und nicht bevor er sich zu seiner individuellen Persönlichkeit in diesem Genre entwickeln konnte: Untergehen!

Das so ungestüm propagierte „freie" Erzählen ist also wirklich der Idealfall des Erzählens!

Was aber wenn ein Storyteller von den Einnahmen seines Tuns „leben" muss? Wenn er sich dem Erzählen, egal ob es Märchen, Geschichten oder andere frei vorgetragene Texte sind, ganz hingegeben hat. Dann muss er alles, von diesen Einnahmen bestreiten. Dann wird seine Freiheit schnell zur ihn einengenden Zwangskleidung! Denn wer die monatliche Miete, die gesetzliche Krankenversicherung, Strom, Internetzugang, Telefon, die eigene Werbung und vieles mehr bezahlen muss, der kommt ganz schnell an den Punkt, wo er sich alles andere als „frei" fühlen darf.

* *** *

Ein guter Geschichtenerzähler sollte gut bezahlt werden. Das ist jedem klar und sollte nicht erwähnt werden. Um aber gebucht zu werden und in Konkurrenz zu den anderen Geschichtenerzählern überhaupt positiv wahr genommen zu werden, braucht er eine Individualität und muss evtl. auch preiswerter als seine Kollegen sein. Das ist eigentlich nachvollziehbar, oder? Denn: Eine individuelle Persönlichkeit hat jeder Mensch im Laufe seiner Lebensjahre und seinen diversen Erfahrungen angehäuft und gesammelt.

Ein wirklich guter Geschichtenerzähler aber, also ein Storyteller im allerbesten Sinne, wird seine frei vorgetragenen Geschichten erst dann zur wahren Meisterschaft und Vollendung bringen können, wenn auch die Sorge um sein täglich Brot, also sein Rücken durch finanzielle Absicherung frei gehalten wird.

Wenn er also einen Brotberuf hat, der ihn durch gesetzlicher Krankenkassenpflichtbeiträge, Mietzahlungen und Ähnlichem, die innere Freiheit in seinem Tun gewährt, der ist auch wirklich „freier" Erzähler. Natürlich gibt es auch Hartz IV als Lebensabsicherung. Wer jedoch schon einmal die Prozedur, der monatlichen Rechtfertigung über sich ergehen lassen musste, weiß dass auch eine Selbstachtung und Erhalt eigener Menschenwürde für die Freiheit des Tuns nicht in unbeträchtlichem Maße mitverantwortlich sind.

1.6 Der Idealfall des „freien" Storytellers ist eine von allen Alltagszwängen befreite Persönlichkeit!

Der Vortragende erzählt, weil er das will. Selbst und gerade weil es ein bewußt angenommener Auftrag ist. Er wird etwa für eine Geburtstagfeier engagiert und darf dort sein ihn schon sehnlichst erwartendes Publikum gut und „frei" unterhalten. So kann er dort also auch immer „frei" Erzählen.

Er liest oder - Verzeihung! - spult, also nicht von einem Buch den Text herunter. Er ist frei in der Auswahl der Geschichten, die er meint, dass sie für die vor ihm sitzende oder querfeldein, etwa auf dem Gartenrasen liegende, große oder kleine Zuhörerschaft passen mögen.

Ein völlig „frei" agierender Geschichtenerzähler wird auch einmal Aufträge ablehnen können, weil er sich sicher ist, sie nicht so ausfüllen zu können, wie es sein Programm und seinen Fähigkeiten im jeweiligen Themenschwerpunkt entspricht.

Das andere Extrem ist jenes: Ein unfreier Storyteller wird jeden Auftrag annehmen, weil es ihm Geld und egal welches, Hauptsache ein Einkommen, verspricht!

Über kurz oder lang wird dabei der Enthusiasmus und der Sinn und Zweck seines Tuns: Gute und qualitativ wertvolle, einzigartige Unterhaltung zu bieten, auf der Strecke bleiben! Die Geschichten werden keine Funken mehr versprühen. Eine wird wie die Andere sein und das Publikum wird sagen: „Ach, Geschichtenerzähler, die kenne ich. Das sind Leute, die labern dir nur was vor! - Nein, da lese ich zu Hause lieber ein spannendes Buch!"

1.7 Von Limelight zum Lampenfieber - Vom „Allein-sein" in der Öffentlichkeit!

Charlie Chaplins wunderbarer Film „Limelight" erzählt die Geschichte des alternden Clowns Calvero, der eine junge hübsche Ballerina, die Schönheiten des Lebens wieder nahe bringt.

Jeder Mensch kommt einmal an einen Punkt, wo er zu sich sagt: „Wozu das alles?" Wer dann dieses Urvertrauen in sich trägt, der den Blick fürs Wesentliche nicht verstellt, der kann sich glücklich schätzen und wird trotz noch so schlimm anmutender Tragik immer wieder einen Grund zum Lachen finden. Er wird wieder aufstehen und seiner Situation, gleich wie schlimm sie im Moment auch scheint, doch auch etwas Positives abgewinnen; wird aufstehen und wieder weiter machen können und wollen.

So viele Bücher schwirren mir im Kopf herum. So viele Autoren mit so vielen Geschichten, die mir zu jedem Stichwort einfallen. Was das Dilemma der Ballerina anbetrifft, die am Leben verzweifelt und die Chaplin in Film Limelight wieder hin zu den Schönheiten des Lebens und zum letztlich verdienten Erfolg geleitet, so heißt das Stichwort hier: „Selbstmord!"

Der Schatzinsel-Autor Robert Louis Stevenson hat dazu etwa eine wundervolle Erzählung geschrieben, mit dem Titel: „Der Selbstmörderclub". - Antoine de Saint-Exupery wurde durch sein Märchen „Der kleine Prinz" bekannt, worin die Botschaft mitgeteilt wird: „Man sieht nur mit dem Herzen gut. Das Wesentliche ist für die Augen unsichtbar!"

Was tun, wenn das Herz aber vor jedem Auftritt bis zum Halse schlägt. Wenn das Lampenfieber einen zu überwältigen droht? Nun, ohne Lampenfieber, wären meine Geschichten ohne Qualität. Mein Lampenfieber ist der Schalter, der umgelegt werden muss, um den positiven Kontakt mit dem Publikum herzustellen.

Hermann Hesse schrieb in einer seiner Veröffentlichungen, so etwas wie, man solle sich aus der Masse ein ganz bestimmtes Augenpaar auswählen und bei einer Lesung (so praktizierte er es selbst!), wenn sich die Nervosität oder aufkommende Unsicherheit einschleicht, allein für diese Augen, für diesen „ausgewählten" Menschen erzählen. Ja, und das praktiziere ich so, bis zum heutigen Tage. Fast immer wirkt es sogar! Glücklicherweise ist ein Augenpaar inzwischen aber schon gar nicht mehr auswählbar, weil es zu viele gibt, denen man jetzt gerne, nach den ersten Sätzen fast wie im Rausch, froh und entspannt seine Geschichten mitteilen kann.

1.8 Lesen, Lernen, Zuhören sind ebenso wichtig wie eigene Lebenserfahrungen!

Wie schon erwähnt, ist kein Geschichtenerzähler wie der andere. Jeder bringt etwas mit, was andere nicht haben oder nicht so können wie er oder wie sie. Gute und interessante Storyteller, egal ob männlich oder weiblich, bestechen durch Einzigartigkeit. Manche ergänzen ihren Vortrag mit Musikinstrumenten oder mit Liedern. Mit Puppen oder sogar mit den Fingern, die urplötzlich zu Hund und Katze, Kasperl und Drache oder zu Himpelchen und Pimpelchen Fingerspielzwerge werden können.

Wie Gripari verlieben sich bei mir im Erzieher-Alltag auch tagtäglich die Schuhe von Neuem. Hat das Kind sie selbst aber links und rechts verdreht herum angezogen, dann mögen sie sich vielleicht nicht und sind sauer aufeinander? Damit alles wieder gut wird, sollten sie sich eben dann wieder anschauen, um am Ende wieder ein glückliches, zufriedenes und „verliebtes Paar" zu werden.

Wer etwas macht und etwas kann, was andere nicht können oder nicht machen, der hat dieses besondere Etwas. Ein Etwas, was ganz allein ihn ausmacht und ihn von der großen Masse der anderen Erzähler abhebt und unvergleichlich macht, heißt: für die Zuhörer und das Publikum in Erinnerung behalten lässt.

Bei einem Märchen- oder Geschichtenerzähler, sollten es doch einfach die Märchen sein, die sie besonders gut darbieten können? Stimmt! Aber es gibt so viele Märchen, Geschichten und Anekdoten, dass man oft klagen könnte: „Wer die Wahl hat, ..."

Und doch kann es so einfach sein. Denn: Wer eine Qual beim Auswählen der passenden Geschichte fürs jeweilige Publikum haben wird. Nun, der hat die falsche Rolle gewählt. Vielleicht wäre die des Sankt Martins besser für ihn geeignet? Wenn er nämlich gerne mit dem Schwert umgeht und Mäntel in zwei Hälften teilt, ja, dann sogar mit ziemlicher Sicherheit!

An großes und thematisch breites Repertoire an Texten ist daher immer hilfreich. Wenn das Publikum anders zusammen gesetzt ist, als man gedacht oder geplant hat, dann ist es gut, wenn man variieren und auf die Altersgruppen oder ganz bestimmte Themen situativ und stimmig eingehen kann.

Eine laute Rabaukenhorde wird andere, wahrscheinlich spannendere und gruseligere Geschichten mögen, als das bei einer Gruppe von Mädchen, die als Prinzessinnen und Elfen verkleidet sind, auf einer Geburtstagsfeier der Fall wäre.

Wenn die Kinder einen länger kennen, kann man sogar, wie Opa das früher tat bei seinen Erlebnissen vom 2. Weltkrieg, mit eigenem Erlebten aufwarten. Bei mir etwa sind es meine beiden sichtbaren Narben an den Händen. Sie werden Auslöser oder „Knoten"-Punkt für allein zwei abenteuerliche Geschichten, die ich selbst in meiner Kindheit erlebt habe.

Manchmal werden Geschichten auch schon mal zu sogenannten „Running Gags", die wie Anekdoten immer wieder gerne von Neuem erzählt werden sollen und wollen. Wenn man sie dann immer wieder erzählen wird, weiß man, dass sie bei der Zuhörerschaft immer wieder sicheren Anklang finden.

Vielleicht auch mal eine Möglichkeit, etwa eine unvorhergesehene Wartezeit zu überbrücken oder die eine oder andere Zugabe noch an einen Erzählnachmittag anzuhängen.

Wie auch immer, das Thema „Erzählen" ließe sich noch in vielen Bereichen gliedern und erörtern. Da dieses Buch aber den Erzähler Pierre Gripari zum Schwerpunkt haben soll, empfehle ich für Interessierte die Website: *www.erzaehlen.de* - dort gibt es z.B. von Kristin Wardetzky einen informativen und zum Thema lehrreichen und ergänzenden Artikel.

Chaplin sagte im Film Limelight übrigens auch, mit einem Fingerzeig auf seine Stirn: „Hier drin hast Du das wertvollste Spielzeug, das Dir keiner nehmen kann, Deine Fantasie. Mit ihr wird es Dir im Leben niemals langweilig werden!"

Mit diesem Hinweis möchte auch ich das Thema abschließen und wünsche mir und Euch: Gebt Eurer Fantasie die Chance sich zu entfalten!

2. Kurze Reflektion

von Josef Mahlmeister (Mai 1999)

Warum soll es heute noch Märchen- und Geschichten-Erzähler geben?...

Kinder brauchen Märchen! Nicht nur, da er von Bruno Bettelheim stammt, ist dieser prägnante Ausspruch in aller Ohren. Aber warum? - Warum brauchen Kinder heute mehr denn je Geschichten, Märchen, und all das, was damit einhergeht? - So vieles könnte man sich dazu aus Quellen holen, von denen es doch mehr als zur Genüge gibt. Psychologen, Soziologen, Therapeuten und Forscher der verschiedensten Art haben sich seit jeher damit befasst. Doch kaum einer kommt zu dem einfachen, so lapidar simplen Ergebnis:

Weil es Ihnen gefällt!

Nun ja, ganz so einfach und reduziert ist es auch wieder nicht. Aber wer doch einmal in die Gesichter mit den großen Augen, der gebannt dasitzenden Kindern geblickt hat, das Wechselspiel von Erzähler/in und Zuhörer/innen, egal ob groß ob klein, ob dick oder dünn, hässlich oder schön, in dieser Runde werden alle eins, wer diese unsichtbare Stimmung miterlebt hat, wer die Fragen gehört, wer die Spannung im eigenen Bauch gefühlt, vielleicht sogar mit einem Schluckauf das Lachen in einer besonders humorvollen Erzählpassage krönen konnte, wer dem allem und vielem mehr beigewohnt, es erlebt, gesehen & gefühlt hat, der weiß und versteht es auch ohne allzu „großer" Worte, was es ausmacht, ein Erzähler von Kindergeschichten und Märchen sein zu können und auch zu dürfen.

Diese Verzauberung, die oft schon nach wenigen Minuten eintritt; diese Verwandlung der Knirpse von ängstlichen und zaghaften Mäusen, hin zu manchmal schon über-mutigen lautstarken selbstbewussten kleinen Helden, die fast selbst zu den Bezwingern des Bösen um sie herum werden.

Es ist immer wieder faszinierend. Auch wenn die Kinder schon alle Geschichten kennen und Du sie dennoch zum x-ten Male wiederholen sollst, sie sich vielleicht durch ein anderes Publikum, wiederum erneuern und wer weiß sie gar noch viel schöner werden. Wenn sie sich dann neu formen, gestalten, sich immer wieder aufs Neue konstruktiv mit den Kindern zusammen, mit oft anderem dennoch positivem Ausgang dann zum Happy End entfalten werden.

Das ist Glückseligkeit, wenn dies auch etwas kitschig klingen mag. Das schafft dann aber dieses Urvertrauen, diese Zuversicht, dass das Morgen noch besser werden kann, als es das Gestern vielleicht einmal war. Die Hoffnung und das Vertrauen in den Anderen und den Glauben an die Welt und in ihr an das immer aufs Neue siegende Gute.

Keiner „erzählt" alleine; vor dem Spiegel etwa, wie es einige verständige Allwissende Leute propagieren. Erzählen wird, ob im Märchen oder in der Stegreif-Geschichte, tagtäglich neu doch stets im Wechselspiel von Erzähler und Publikum gemacht und erlebt, sprich: konstruktiv verändert! - Jeder hat seine Lieblingsgeschichte, jeder sucht und findet etwas anderes in seinen Träumen und Sehnsüchten. Und darum geht es letztendlich. Wenn *Janosch* sagt: *„Komm, wir finden einen Schatz!"*, so steckt darin allein schon die tausendprozentige Gewissheit, dass keiner alleine suchen muss und es für jeden Menschen irgendwo und irgendwann auch einmal einen Schatz zu finden gibt. Und das, das ist doch eine viel verständlichere Erklärung, als man sie in irgendwelchen dicken theoretischen, dünnzeiligen Schmökern mit den hochgestochensten Fremd-Wörtern herausfinden wird. .

* **** *

Einer meiner früheren Märchendozenten sagte mir einmal: *„In diesem Beruf ist es das Schönste, dass man „nichts" mitnehmen muss, und man kann ihn, also den Beruf des Erzählers, dennoch immer und überall ausüben. Das Einzige was man dazu braucht, ist die eigene Fantasie und ein (am besten noch) waches Publikum!"*

* **** *

Und ob man/n oder Frau dann gut genug fürs, im Normalfalle, stetig wechselnde Publikum ist, das wird sich in der Praxis ganz schnell zeigen. Nun hat nicht jeder die Möglichkeit seine Geschichten schon bei heimischer Atmosphäre zu testen, um zu fühlen, ob sie „ankommen" oder nicht. Als *Erzieher* ist man dabei ganz bestimmt im Vorteil. Und wer dann auch noch etwas musikalisch ist, lebensfroh, nicht zu egozentrisch, denn außer „Erzählen", ist das „Zuhören", etwa bei den Einwürfen, Sorgen und Fragen der Kleinen mindestens ebenso wichtig, wie auch amüsant und aufregend. Und: wer hört schon gerne bei jemandem zu, der von Dingen erzählt, die ihn selbst nicht im Geringsten berühren oder noch schlimmer gar nicht interessieren?

* **** *

Nur wer offen bleibt für das was um ihn herum geschieht, kann demnach auch kompetent mitreden bei dem was „á la mode" ist. Wer also zum Beispiel die Medien, wie Fernseher, Videogerät und Computer und ihre Spiele von vorne herein verdammen würde, nur weil sie etwa „literarisch & pädagogisch" oder anderweitig, nicht wertvoll wären, der ist und bleibt beschränkt. Heutzutage muss jeder der mit Kindern zu tun hat, offen bleiben für seine Umwelt, auch wenn das manchmal sehr schwer fallen mag.

* **** *

Denn: Hat beispielsweise die immer auf uns einrieselnde Werbung, morgens im Radio und abends zwischen den Filmen, noch einen Wert? - Ja, aber warum nicht!... - Denn wie so vieles, kann sie doch auch, mit den Kindern zusammen, er- und verarbeitet werden. Möglichkeiten „en masse"; seien es Sketche, Theateraufführungen, oder Werbetexte oder Melodien erraten, etc. etc.

Alles hat einen „Wert". Es gilt nur ihn zu suchen und ihn für sich im jeweiligen Bedarfsfall nutzen und anwenden zu lernen. Dann wird das Leben, wie die erzählte Geschichte lebensnah, lebensbejahend und lebensfroh.

* **** *

Eine meiner großen Erzähl-Favoriten neben Astrid Lindgren, Mark Twain, Lewis Carroll, Paul Maar, Rafik Schami u. v. a. ist die Engländerin **Edith Nesbit**, diese Frau mit dem wunder-schönen Spitznamen *„Daisy"* (Gänseblümchen) hat schon zur Jahrhundertwende Prinzen Fahrstühle verkaufen oder Könige ihren Job verlieren lassen. Diese Möglichkeiten Neuzeitliches mit längst Vergangenem zu verbinden, ja, heute entdeckt man es langsam.

Kürzlich, genauer im Dezember 1998, kamen nun endlich auch die Geschichten des wunderbaren franz. Andersen, nämlich die Kindergeschichten von **Pierre Gripari** als 15minütige Zeichentrickfilme im KINDERKANAL. - Auch er ließ Feen aus dem Wasserhahn fallen, Riesen sich in Menschen verlieben, ließ Teufel Engel werden und, und, und ...

Ja. Und warum denn nicht? – Wenn es doch Spaß macht. Lieber zweimal gelacht als eine Träne zuviel geweint, oder gar einige Minuten unserer Lebenszeit umsonst langweilig abgetötet und vertan. Ist damit nun die Frage beantwortet, warum es auch heute noch Märchen und Geschichtenerzähler und Erzählerinnen geben muss?...

* *** *

Falls nicht, so kann ich nur noch Vorschläge machen. Vorschläge in der Form von Büchern. Bücher, die kluge und weise, und die meist „schon große" Leute kaufen und lesen können.

* *** *

Vielleicht können sie die ja auch einmal ihren Kindern selbst vorlesen. Und vielleicht entdecken sie dabei so ganz nebenbei, dass man diese Märchen und Geschichten ja auch frei „erzählen" kann. Und vielleicht meinen sie dann auch: Erzählen ist etwas Feines und sollte eigentlich von viel mehr Menschen ausgeübt werden. In diesem Sinne, sagen wir es an!

Manchmal auch mit

Josef Mahlmeister

Rollentausch
zur
Weihnachtszeit

Santa Claus
und
Nikolaus

2.2. Storyteller vs. Santa Claus?

Geschichtenerzähler und Sankt Nikolaus können sich durchaus ergänzen

Zwei Rollen, die unterschiedlicher nicht sein können! So denkt der Auftraggeber aber leider nicht, wenn er einen Nikolaus braucht und den Geschichtenerzähler dazu bekommt. Trotzdem: Die beiden Rollen in einer Person zu vereinen, sollte man tunlichst vermeiden!

Märchen- und Geschichtenerzähler unterhalten mit allen Nuancen ihrer Stimme!

Beim Erzählen steht meist der agierende Storyteller im Mittelpunkt. Das Publikum, also Kinder und Erwachsene hören ihm zu. Natürlich kann es auch zum Wechselspiel von Zuhören und Vortragen der Geschichten und Erfahrungen zwischen Erzähler und Zuhörer kommen. Es ist im besten Falle ein Wechselspiel der Worte in einer eigens erschaffenen Welt, in welcher der Geschichtenerzähler alle Abenteuer mit Spass, Spannung und Höhepunkten bis zum Happy end gestaltet.

Er ist hier Dreh- und Angelpunkt dieser ganzen Aktion, während der Aufführung. Er kann in seiner Rolle aufgehen und sie gestalten, je nach Anforderung der von ihm einzunehmenden Rollen und Charakteren seines Erzählspiels. Er ist Akteur und Spielleiter in einem. Und bei all dem fast immer der alleinige, ununmschränkte Dompteur seines jeweiligen Publikums. Die Kinder und Eltern erwarten ja auch genau das. Sie warten genau auf die Geschichten mit den Inhalten aus der angesagten und versprochenen Werbung. Was an Unerwartetem dazu kommt, wird nur: Ein zusätzliches und ideelles Geschenk!

Der Heilige Sankt Nikolaus und auch Santa Claus haben beide ein offenes Ohr!

Verkleiden ist fein! Hinter einem Bart oder einer Halloween-Maske erkennt einen nicht jeder gleich. Wer um die Weihnachtszeit in das rot-weiße Kostüm vom Nikolaus oder Weihnachtsmann springt, der weiß oder wird schnell merken, dass das Publikum andere Erwartungen an ihn stellen wird, als das in der Rolle des Storytellers der Fall ist.

Die Kinder wollen beschenkt werden und werden dem Bischof Nikolaus dafür vielleicht ihr gelerntes Lied oder Gedicht aufsagen. Sicherlich werden die einen oder anderen ihm ihre Weihnachtswünsche ins Ohr flüstern oder ihn fragen, was im „goldenen" Buch über ihr Tun vom vergangenen Jahr vermerkt wurde. So oder so. Manchmal kann sich die eine Rolle mit der anderen gut ergänzen. Als Erzieher hat man das gesamte Jahr im Blick und feiert mit den Kindern zusammen Geburtstag, Sommerfest oder die vielen anderen Feste des Jahres, wie eben: Sankt Martin, den Nikolaustag, die besinnliche Zeit des Advents bis hin zu Weihnachten. Allein da kann es dann schon einmal vorkommen, dass der Erzieher solch eine Rolle als Sankt Nikolaus spielen wird.

Was nun diese Rolle von der Ersten unterscheidet, ist der bereits vorgeprägte Hintergrund und die Historie des Heiligen Mannes. Er ist quasi eine Amtsperson und wird kaum zum Clown oder zum wilden Tier werden. Er bleibt in dieser Rolle und erfreut die Gäste mit Geschenken und allein seiner seriösen Anwesenheit oder seinem Besuch zu Hause.

Von Prinzen und Prinzessinnen, Rittern und Helden,
Sonntagskindern und Unglücksraben.
In Märchen und Geschichten findet sich alles wieder

3. Der französische Erzähler: PIERRE GRIPARI

(geb. 1925; Paris - gest. 23.12.1990; Paris) von Josef Mahlmeister - 1993 - 2001

Warum war und ist dieser Mensch so faszinierend? - Seine Werke geben die Antwort!...

Worum geht es in seinen Geschichten?

Das ist schwer in einigen kurzen Sätzen zu sagen. Noch schwerer ihn und diese seine Geschichten schnell und einfach zu begreifen - zu verstehen. Er sagte einmal *„Kinder verstehen alles..."*. Das könnte eine Antwort sein. Nur nicht die Ganze. Volle. Letztendliche.

Seine Geschichten handeln von Liebe, vom Alleinsein, vom Miteinander und auch vom großen allgegenwärtigen Gegeneinander von Gut und Böse, von Himmel und Erde, vom „lieben" Gott, genauso wie vom „lieben" Teufel.

* *** *

Gripari war ein lebendiger, kritischer, humorvoller Mensch, der sich als Autor sein ganzes Leben lang eine kindliche Seele bewahren konnte. Mit dieser Fähigkeit, konnte er vieles auch gänzlich unbefangen, fast naiv, mit den Augen eines Kindes sehen, Gedankenstränge entwickeln, und Große und Kleine Lebensinhalte hinterfragen und auf seine unvergleichliche Weise, in Geschichten, sehr oft nur latent, aber immer gegenwärtig, sarkastisch, klug, doch stets mit einem verbindenden Lächeln zwischen den Zeilen, beantworten.

Er, der in einem Zug, mit großen wie Andersen, Carroll, Twain, Nesbit oder Lindgren, genannt werden kann, hat sich zeitlebens dieses Gespür erhalten, **was** man mit den Kindern entwickeln kann, **was** bei den Kindern ankommt, **welche Sprache** sie sprechen und verstehen, und **was** sie begeistert.

Wie Peter Bichsel, in *„Amerika gibt es nicht"*, läßt Gripari seinen Helden „Simpel" *Lustucru*, ein Name, so komisch getroffen, wie Bichsel's *Hänschen*; die Geschichte verändern, bis zu dem Resümee: Bei Bichsel: Amerika gibt es nicht!...- Bei Gripari: Die berühmten Helden der Geschichte, waren eigentlich in Wahrheit niemand anders als ein gewöhnlicher Held wie Du und ich mit dem simplen Namen: Lustucru!

* *** *

Wer seine Geschichte gelesen hat, wird kaum mehr widersprechen wollen, sofern er genug Fantasie mitbringt, um sie auch mit dem Herzen zu begreifen.

Werte, wie Unsterblichkeit, Ruhm, Reichtum, Jugend, Schönheit, Liebe; Tugenden, wie Tapferkeit, Klugheit, und Treue, sie werden bei Gripari mit Magie und Zaubertrank in Verbindung gebracht, die den Leser rasch und ganz einfach: verzaubern.

Seine Wesen, egal ob Riesen, Hexen, Wassernixen, egal ob Prinzen oder Menschen, wie ich und du, in der Gestalt von jungen Männern, schönen Mädchen und kleinen Kindern - dieser Autor versteht es, sie mit solch einer Selbstverständlichkeit im heutigen Paris, in der Straße um die Ecke, agieren zu lassen, dass nicht der geringste Zweifel aufkommt, dass einem jene Figuren auch wirklich im nächsten Moment begegnen könnten.

Die Fee aus dem Wasserhahn; die Puppe, die vielleicht mehr kann und weiß, als man denkt; die Schuhe die zusammen gehören, nicht nur weil sie der linke oder der rechte sind, sondern weil sie sich vielleicht auch noch lieben. Wer weiß das genau?...

Für Gripari geht eine Geschichte nicht damit zu Ende, dass man Dinge und Sachen wegwirft, sondern bei ihm beginnt damit oft erst das große Abenteuer, die eigentliche Geschichte.

* *** *

So die Liebesgeschichte und der Erfolg einer Gitarre und einer Kartoffel, oder das Happy End der beiden verliebten Schuhe, die letztlich von der Müllhalde aus noch einmal ihre Hochzeitsreise antreten dürfen!...

* *** *

Seine Auseinandersetzung mit Außenseitern unserer Gesellschaft tritt bspw. zutage, in der Geschichte vom Riesen, der selbst dem Papst, beim näheren Kennenlernen sympathisch wird, denn eigentlich ist er ja auch nur ein etwas zu groß geratener Kerl, der ihm im Grunde nichts Böses will (wie schon zuvor der Dorf-Pfarrer erkannt hatte)!...

Der „böse" Haifisch, der eigentlich nur seiner Art gemäß, alles verschluckt, was man ihm zuwirft (Muschel, Puppe, oder Brille). usw. usw.

* *** *

Pierre Gripari, der 1990, am 23. Dezember stirbt, einen Tag bevor das „Jesuskind" geboren wird, hatte das, was man gemeinhin mit: „Antenne für Kinder" bezeichnet. Er besaß die Fähigkeit zu verzaubern, die Fähigkeit, das in einfachsten Worten wiederzugeben, was andere nicht in diffizilsten Fremdwörtern auszudrücken vermögen, nämlich Botschaften wie: Nimm das Leben nicht einfach immer nur wie's kommt, sondern mach was draus! Gib nicht auf und glaub an Dein Glück. Schluck nicht alles, womit man Dich Löffelchenweise mästet, sondern: Spuck s ruhig mal aus, was Dir nicht mundet!...

Werde keck! Stelle Fragen! Und gib Dich nicht mit allen Antworten sofort zufrieden, dann verstehst Du die Zusammenhänge Deines Lebens erst wirklich!...(und nicht nur mit dem Kopf, sondern wichtiger: auch mit dem Herzen!...)

Mach's wie die Helden und Heldinnen seiner Geschichten: Nimm Dein Leben in die Hand, verknote Dich mit Deinem Glück, auf dass man Dir es nie mehr nehmen werde!

* *** *

Gripari macht scheinbar Unmögliches möglich, und das ist es, was seinen Zauber ausmacht. Warum kann ein Teufel nicht auch mal lieb wie ein Engel sein, und... in den Himmel kommen?

Warum sollen Wesen die scheinbar nicht zusammenpassen, nicht doch einmal aus der Reihe tanzen, Stars werden, und zusammen ihr Glück finden, so wie die Gitarre und die Kartoffel, Prinz Blubb und die Nixe, oder der Riese und das Menschenmädchen?...

Gripari zeigt uns wie's gehen kann, wenn man etwas nur wirklich will, und dabei konsequent sein Ziel verfolgt. Seine Geschichten sind amüsant, verständlich, optimistisch und bei alldem: Nie langweilig! Man kann sie einmal lesen, man wird sie zweimal lesen, man wird ihnen auch beim dritten und vierten Mal mit offenen Ohren lauschen und falls sie einmal alle verfilmt (würden) werden, wird man diesen Ausstrahlungstag, wie einen hohen Feiertag im Terminkalender mit dunkelrötester Tinte vermerken!

* **** *

Versprecher, die einem übermütig aus dem Munde springen, Kinderneckreime, die so putzig und keck sind, dass sie einem, fast wie ein erlerntes Gebetchen der Kindheit, noch als Erwachsener in Erinnerung bleiben. Steigerungen, Wiederholungen, Wortspiele, Werbung, Gedichte (+ Neckreime), Briefe, ... all diese Formen benutzt Gripari so graziös, wie kaum ein anderer.

* **** *

Doch man soll sich nicht täuschen, das alles schließlich abzutun, vielleicht als „Kindermärchen" im negativsten Sinne, nein, unmöglich, kennt man nur ein paar seiner Werke für Erwachsene, dann weiß man, oder fühlt man zumindest, dass auch in seinen Geschichten einfachster Sprache, mehr drinnen steckt, als es der oberflächliche Leser vermuten würde.

Ich vergleiche seine TB's „Hexe..." und „Teufel..." ein wenig mit meiner eigenen Erfahrung in den wunderbaren TV-Folgen der Augsburger Puppenkiste: Als Kind gesehen, als Erwachsener dann wieder entdeckt, und ihre Kunst (ihre versteckte Kritik, ihre Philosophie, ihre Wortspielereien) begriffen, die man in der Kindheit oft so halt noch nicht erfassen konnte.

* **** *

Es ist einfach, wie bei guter Kinder- und Jugendliteratur, deren Wert man erst als Klassiker zu schätzen lernt. Leider ist Gripari noch kein „Klassiker" im Sinne von Bekanntheit, Ruhm und Ehre, die man ihm eigentlich schon zu Lebzeiten hätte zuteil werden lassen müssen!

* **** *

Die französischen Kinder, die mit seiner „Hexe..." aufwuchsen, sind heute, während ich diese Zeilen tippe, selbst schon junge Erwachsene, viele mit eigenen Kindern. Die Geschichten werden heute wieder erzählt. Sie vereinen die Kinder von gestern mit den Kindern von heute; sie sind und bleiben zeitlos und immer aktuell, durch den Mund derer, die sie weitergeben, und durch jenes Buch, das ihren Zauber umhüllt und diese Schätze für alle Zukunft hütet und bewahrt vor Missfallen, Zensur, Arroganz und der Vergessenheit!

* **** *

Ich bin keiner der Gebrüder Grimm, sammle nicht Geschichten vieler, doch im Grunde irgendwelcher Menschen, nein, ich beschäftige mich lieber mit **individuellen** großen und kleinen Menschen, mit Personen und Persönlichkeiten, solchen wie Pierre Gripari, dessen Einzigartigkeit kaum zu vergleichen ist, höchstens neben der anderer, etwa dem Amerikaner Mark Twain, dem Engländer Lewis Carroll, oder der Schwedin Astrid Lindgren, um nur einige zu nennen, bestehen kann!

P. Gripari (signature)

BULLETIN DE L'ASSOCIATION LES AMIS DE PIERRE GRIPARI
B.P. 329.16, 75676 PARIS CEDEX 16   PRÉSIDENT : GILLES BOURQUIN   N°10 – OCTOBRE 1996

ÉDITORIAL

Chemin faisant, en nous racontant des histoires de Gripari, nous voici arrivés au numéro 10 de ce bulletin.

Il s'est passé beaucoup de choses depuis l'automne 1991. _Monoméron_, ce livre visionnaire et apocryphe, qui ne pouvait être que le dernier, est paru... Suivi de près par le choix de nouvelles soigneusement établi par Jean-Pierre

théâtre... Les cassettes et CD édités par France Culture se vendent très bien. Ceux de Max aussi. Le théâtre pour enfants est joué partout. L'exposition, que nous avons montée avec l'Art à la Page, tourne.

Le Club des Ronchons, dont il était un joyeux membre, lui réserve une place dans chacun de ses recueils.

Les Salons du Livre de Bordeaux et de

...sse
...publié
des Loisirs
...rois
...ages au
« ...cette
...pe réaliste et
...ue révèle
...ment un monde
...ge et
...istique. Cette
...sformation
...ère d'abord par la
...version des mots.
...s mots échappent à
...ur usage prosaïque
...et reprennent une vie
...autonome. »

▲ Toutes les
...sions sont

d'eux o...
couverture du
Tombeau de Pierre.

▲ L'Allemagne bouge... Notre ami Josef Mahlmeister, comédien et conteur à Cologne donne un spectacle Gripari en décembre. Le recueil de nouvelles Kleiner Idiotenführer durch die Halle qui contient un choix de nouvelles traduites par Cornelia Langendorf, paraît en édition de poche, chez Bertelsmann.

...Godenne,
...ghe, Gérard Jo...
Lapointe, Mi...
Conrad, Gal...
Pierre Mon...
Moustiers
Philippe
Pierrett...
Franç...
Fran...
dro...

10

3.1 Mein Leben mit Pierre

Ein stetes Auf und Ab mit seinen Büchern und seiner Person

Ein recht steiniger Weg war es oft. Dieser Weg, hin zu ihm, er war häufig durch Steine versperrt. Berge galt es abzutragen. Doch gemäß der chinesischen Weisheit agierend: „Der Mann, der den BERG abtrug, war derselbe, der anfing, KLEINE STEINE wegzutragen!" wurde Schritt für Schritt jeder einzelne Stein aus dem Weg geräumt, kurz: weg gewuchtet.

Woher die Kraft?... Woher der Elan?... Woher der nie endend scheinende unerschöpfliche Enthusiasmus dafür kam?.. Wahrscheinlich aus den wunderbaren Werken dieses genialen Autoren. Ihn zu propagieren, ihn dem deutschen Volke, dem Leser und Hörern vorzustellen war nicht nur immer Arbeit. Es war ein Lernen. Ein Kennen lernen und ein Vergnügen.

Pierre Gripari, der französische Atheist, Kommunist, der Autor und Mensch, der einfach Andere - anders herum. Nicht nur wegen seiner Homosexualität. Nein, auch seine Ansichten zum Leben. Seine Geschichten von Hexen, von verzauberten Dingen, von magischen Kräften, Zaubersprüchen, Feen und Zauberern jedweden Zuschnitts, von Riesen und Zwergen.

Er hatte sich so ganz plötzlich, von heute auf morgen, so einfach in mein Leben einquartiert ohne Vorwarnung. Er war einfach da und seine Hexe in der Besenkammer zog mich in ihren magischen Bann und sie ließ mich bis heute nicht, lässt mich nie mehr los.

Bestimmt, ich würde ihn sehr, ganz, ganz arg vermissen, meine und auch seine Freunde, die inzwischen so zahlreich gewordenen Fantasiefiguren, die so lieb gewonnenen Mitbewohner aus all seinen Büchern. Habe ich ihn doch von so vielen Seiten kennen und lieben gelernt.

Wie oft habe ich ihn mittlerweile in den Kinderaugen aufblitzen sehen. Dort wo er bis heute noch lebt und immer wieder zu finden, anzutreffen sein wird, trotz ja gerade wegen seines eigentlich nur formalen Ablebens - seines körperlichen Todes.

Ob die Geschichte des kleinen Teufelchens, ihn letztendlich ja doch noch in den Himmel brachte?

Diese Story, von einem Kind, das nur eines wollte, nämlich nur lieb zu sein, um dann auch einmal in den Himmel zu kommen. Natürlich keineswegs zur Freude seiner nichtsdestotrotz so liebenswerten, leicht zu bedauernden Eltern, die ja selbst als größte Teufel der Hölle ihn niemals verstehen konnten.

Ja, verdrehte, verkehrte Welt. Einer Welt, die es nicht nur in diesem Untergrund gibt. Nein. Längst ist sie Realität; täglich erleben wir sie doch um uns herum. Von morgens bis abends. Nur versteht das keiner. Nur will es keiner verstehen. Kein Schwein, Mensch, Engel oder Teufel in unserer so sozialen Gesellschaft.

Nie. Niemals, und so wird es bleiben - heute und in alle Ewigkeit Amen !...   2002

AUSLESE der diversen Verlagsrückmeldungen:

»...die kleine ~~~~~ Geschichte von den verliebten Schuhen mit Vergnügen gelesen...«
dtv München

»...da der Autor mir trotzdem interessant erscheint...«
Altberliner Verlag

»...haben Sie jedoch vielen Dank, daß Sie mich auf P. G. aufmerksam gemacht haben...«
SFB (Ohrenbär)

»...ich wünsche Ihnen von Herzen, daß Sie bald einen Kinderbuch-Verlag finden, der Ihre schönen Übersetzungen der Gripari-Bücher herausbringt...«
Hanns-J. Marschall (Augsburger Puppenkiste)

»...die Geschichte (der beiden verliebten Schuhe) ist wirklich hübsch, gelungen auch die sprachliche Gestaltung im Deutschen... -... bin aber sicher, daß Sie bei anderen Verlagen auf großes Interesse stoßen werden, vor allem bei denen die eine TB-Reihe fürs Vorlese- und Erstlesealter im Programm führen... - ...denn die Geschichten sind offensichtlich so phantasievoll und lebensprall, daß sie kaum der Illustration bedürfen...«
Coppenrath Verlag Münster

»...ich muß gestehen, daß mir dieser Autor völlig unbekannt ist...«
Gerold Anrich Kevelaer

»...obwohl mir "Die Hexe in der Besenkammer" ... sehr gut gefallen hat...«
Ravensburger Buchverlag

»...die beigefügten Geschichten. Wir haben sie gern geprüft, ...mit Dank fürs Kennenlernendürfen zurück...«
Oetinger Verlag Hamburg

»...mit Sicherheit haben Sie recht, wenn Sie versuchen wollen die Geschichten von Monsieur P.G. an einen deutschsprachigen Verlag heranzubringen. ...«
Boje Verlag Erlangen

»...so gut uns die Geschichten auch gefallen, sehen wir leider...«
C. Bertelsmann München

»...wir verfolgen das Werk von P. G. schon längere Zeit und unsere bisherigen Eindrücke und Überlegungen zu diesem Autor bestätigen sich mit Ihrer Übersetzung: Wir finden den Autor sehr interessant,...und werden weiterhin Pierre Gripari im Auge behalten...«
Erika Klopp Verlag München

Die zahlreichen Reaktionen auf die Rohfassungen der übersetzten Gripari-Texte enthielten von einigen deutschen und österreichischen Verlagen dann doch letztlich mitunter nicht nur negative Resonanzen.

3.2 Die Akte Mensch – Les Dossiers H

Tutto vanita – Alles nur Eitelkeit auf Erden (Lied von Angelo Branduardi)

Es war im Sommer des Jahres 2001. Die Vorsitzende des Clubs der Freunde von Pierre Gripari, Anne Martin-Conrad, in Paris, schickte mir eine der ersten Ausgaben des etwa DIN A4 großen Buches mit dem Titel:

Pierre Gripari

Darin endlich ein erster, zweizeiliger Hinweis auf meine beiden Übersetzungen aus dem Französischen.:

Inspecteur Toutou, Satinette fille du diable :
Teiresias Verlag, Josef Mahlmeister, Cologne, 1999

Jeder Mensch freut sich, wenn seine Arbeit anerkannt, gesehen und gewürdigt wird. Die Arbeit und mein Engagement für Pierre aber, wurden in Köln immer totgeschwiegen!

So etwa auch die beiden selbst initiierten + finanzierten (!) Annoncen, mit jeweils einem eigens dafür verfassten kleinen Vierzeiler, zum Todestag am 23. Dezember 1996 und 1997 in der Tageszeitung des „Kölner Stadtanzeiger". Wessen Ohren waren geöffnet? - In Köln von Keinem. - In Paris jedoch erschien der Hinweis auf die beiden Würdigungen sogar in französischer Übersetzung des kleinen Vierzeilers, in den Ausgaben der zweimal jährlich erscheinenden Bulletins der Gripari-Freunde.

Die dann verfasste Rezension in der deutschen Internetzeitung „Gazette.de" im Jahre 1999, worin die ersten Übersetzungen im Münchner Matthes & Seitz Verlag gewürdigt wurden und auf die Neuauflage im Piper Verlag hingewiesen wurde. Wer hat sie gelesen? Wer verstand es? Niemand!

* *** *

Die zahlreichen Verlage, die mit den Rohfassungen aus der Rue Broca beschenkt wurden. Nur wenige wie der Coppenrath Verlag reagierten positiv, etwa auf die wörtlich: „gelungene sprachliche Gestaltung im Deutschen". - Jener Geschichte der verliebten Schuhe. Die meisten konterten mit: Schön, aber solche Geschichtensammlungen werden wenig gefragt.

* *** *

Eine Literaturagentin, ehemals tätig im renommierten Heyne Verlag, begeisterte sich anfangs und dann auch mich in vielen Briefen für eine Herausgabe der Liebes- und Kinderbuch-Geschichte von meiner übersetzten „Mademoiselle Mistkäfer" in Form eines Bilderbuches. Um dann aber urplötzlich doch nicht mehr weitermachen zu wollen. Warum? Wegen dem Namen Gripari? - Mahlmeister? - Oder nur wegen Moira (der sagenumwobenen Schicksalsgöttin)?

Als Geschichtenerzähler erfuhr ich jedes Mal das Gegenteil, nämlich dass seine Geschichten auch heute noch im Alltag, ständig und weiterhin, als willkommenes Highlight hocherfreut und dankbar angenommen werden.

Die deutschsprachigen Theaterstücke welche dann auf der großen Buchmesse, namens: „Kölner Bücherherbst", auf dem Neumarkt präsentiert wurden, verklangen ebenso schnell und ohne großen Nachhall. Vergessen wurde die Uraufführung des deutsch-sprachigen Märchen-Kindertheaterstücks „Wachtmeister Waldi", durch das Ensemble *Theater Abgelehnt,* ebenso wie die Szene aus dem Puppenstück „Satina Teufelstochter" präsentiert durch das Puppentheater Andreas Blaschke. Beides in Köln im Jahre 2000.

Ja, in Köln gab es immer wichtigere, bedeutendere und aktuellere Themen als es die zahlreichen kleinen Aktionen um Gripari waren.

Wenn interessierte es, als dann die Lebensdaten und Fakten zu Pierre Gripari und seine Werke, letztlich sogar im deutschen Wikipedia integriert waren? Niemand!

Es muss erst ein Kinderbuch mit seinen Geschichten in deutscher Sprache erscheinen, dass man ihn handfest in einem Buch festhalten und vor sich liegend lesen kann, und nun vielleicht auch lesen will, oder wird? – Wir werden sehen!

So makaber es klingt, während ich dies schreibe, gab es in Japan einen großen Tsunami und einhergehend eine anstehenden Atomreaktorkernspaltung. Ja, wie war das doch noch mit Moira, der Schicksalsfrau? …

Köln, im März 2011   Josef Mahlmeister

4. Ein nachdenklich machendes Nachwort
Stille Gedanken um die Publikationen in deutscher Sprache

Pierre Gripari, der am 23. Dezember 1990, einen Tag bevor das „Jesus-Kind" geboren wurde, in Paris an den Folgen einer Operation im Krankenhaus verstarb, hat in Deutschland leider nicht den Bekanntheitsgrad eines Paul Maar, eines Rafik Schami oder gar den einer Astrid Lindgren, wiewohl er mit jenen ohne das geringste Zögern, in einem Atemzug genannt werden kann. Und nicht nur mit diesen Kinderbuch-Autoren. Ähnlich wie Mark Twain, gebührte ihm die rechte Anerkennung, erst nach seinem Tode. Inzwischen gibt es in Paris keinen Verein der Freunde von Pierre Gripari mehr. Aber viele seiner Werke gibt es mittlerweile als Filme auf YouTube anzusehen und als Übersetzungen, als Bücher in den Sprachen: Spanisch (sogar in Katalanisch), Niederländisch, Italienisch, Griechisch, selbst in Japan und neuerdings gar auf Polnisch (L´inspecteur Toutou wurde dort bereits in mehreren Theatern und Städten, z.B. Warschau; im Herbst 1994, aufgeführt), und, und, und.

* **** *

Seine Werke werden langsam aber sicher nun auch für den deutschen Sprachraum entdeckt, übersetzt, und publiziert. Als der Münchner Verlag Matthes und Seitz 1992 seine beiden TB´s „Kleiner Idiotenführer durch die Hölle" sowie „Göttliche und andere Lügengeschichten" herausgab, so war dies für mich der Einstieg und die allerletzte Rechtfertigung, dass es möglich ist seine etwas anderen Geschichten auch für das so zurückhaltende, der Literatur oft hypervorsichtigem deutschen Publikum zu offerieren.

* **** *

Gripari galt lange sozusagen als ein Geheimtip für Eingeweihte. Allein der Piper Verlag hat dies frühzeitig erkannt und die beiden genannten Matthes & Seitz-TB´s im Jahre 1996 in der „Serie Piper" als NeuAuflage erneut auflegen lassen. Kaum ein anderer Verlag war aber so couragiert, die Texte, von denen es doch mehr als genügend gibt, dieses Meisters der freien Erzählkunst, für das deutschsprachige Publikum zu übersetzen und ihm somit dem ihm schon viel früher gebührenden Platz auf dem Podest, etwa der Kinder- und Jugendliteratur zuzubilligen.

Nein, die Zeit war wohl immer noch nicht reif. Gripari?... - Geschrieben: G-ustav, R-ichard, und PARIs ohne s. - Nö, kennen kennen wir nicht!... - Wie oft musste ich mir das anhören, auf meine Fragen zu Büchern, die ich dann doch meist nur direkt in Paris in der dortigen „L´Age d´Homme-(BuchVertrieb)Filiale" oder bei FNAC, wie auch in den großen Büchereien erhielt. Es tat weh. Immer und immer wieder nur zu hören: „Kennen wir nicht!..." - Nie gehört!..."

* **** *

Wie gut tat es dann zu erfahren, dass im Dezember vergangenen Jahres 1998, endlich, die vielen Kindergeschichten aus der Pariser Rue Broca, als Zeichentrickfilme im privaten TV-Sender Kinderkanal drei Wochen lang, Tag für Tag, eine Geschichte nach der anderen, jeweils gegen 18 Uhr ausgestrahlt wurden. - Für mich brach einerseits eine Welt zusammen. Andererseits aber schrie ich meine Freude in alle Welt; ich schrie sie an alle, die ich kannte durchs Telefon, damit niemand, keiner sie verpassen sollte. und doch, ich selbst hatte ja leider schon die erste Woche verschlafen. Das Feed back erhielt ich etwas verspätet, nämlich wurde ich erst hellhörig, als mir ein paar der Kinder, denen ich die Gripari-Geschichten erzählte, eines Tages mitteilten, dass sie diese schon aus dem Fernseher her kennen würden.

* *** *

Tja, so haben mich die Geschichten überholt, will damit sagen: Sie sind nun auch schon durch andere Medien in aller Ohr und Auge, ohne dass mir dies jemand angetragen hätte. Durch die Kinder, für die ich, wie auch Gripari, meine Geschichten erfand und erzählte, erfuhr ich also, dass mein (?) jahrelanges Engagement für diesen Autoren und seine Werke, durch zahlreiche Briefe, ungezählte Telefonate und Faxe an und mit renommierten Kinderbuch-Verlagen, wie Beltz & Gellberg, Arena, dtv, um nur ein paar zu nennen; wie auch mit Büchereien von Köln bis Wien & Zürich, letztendlich doch die erwünschten Früchte getragen hatten. Torschlusspanik ergriff mich. Würde nun meine eigene Arbeit für Gripari, meine ganzen Übersetzungen der Kindergeschichten, nun keinen Groschen mehr wert sein?

* *** *

Würden gar andere die Früchte ernten dürfen, die ich so mühsam, engagiert und mit ganzem Herzen und tiefem Glaubens-Enthusiasmus gesät hatte?

Nein, alles sollte nicht umsonst gewesen sein. - Nun, dieses umsonst bezieht sich schon lange nicht mehr allein auf das finanzielle Interesse. Am Anfang meiner Übertragungen spielte das sicherlich noch eine gewisse Rolle. Aber je weiter ich in die Werke Gripari´s eindrang, durch sprachlich immer besseres Verstehen, je mehr wurde es mir zur Aufgabe, dieses Genie der französischen „nicht nur Kinder-" Literatur für die großen und kleinen, jedoch ewig Junggebliebenen Kinder des deutschen Sprachraumes aus der französischen in unsere deutsche Sprache herüberholen, zu bearbeiten und aller (deutschen) Welt zugänglich zu machen. Die Leute vom "KINDERKANAL" hatten dies nun schon getan. Und: ohne meine Hilfe, ohne mich überhaupt als Gripari-Bewunderer und -Kämpfer wahrzunehmen und zu beanspruchen. Schade!

Und doch. Meine Arbeit war noch lange nicht verloren. Ich musste mir nur meiner Stärken und eigener Talente bewusst werden und ganz sachlich abwägen, was war noch machbar und was eben nicht mehr !?... - Und siehe da: Es war noch viel machbar. Es sind noch viele Wege begehbar. Wege, die zwar manchmal recht nervenaufreibend und holperig waren, aber doch irgendwo immerhin doch noch nach Rom, oh pardon, zum Ziele führten.

* *** *

Dieses erste zu erreichende Ziel, war also nun, erst einmal die Rechte zur Übersetzung und Bearbeitung zweier Kindertheaterstücke vom Verlag zu bekommen, der diese für den franz.-sprachigen Raum besitzt. Am 24. Dezember 1998, am Tag als das „Jesus-Kind", geboren wurde, traf die Bestätigung per Fax-Nachricht bei mir ein. Mein „Hurra"-Geheule mussten sicher nicht nur die Mitbewohner unseres Mietshauses, sondern ich glaube fast das halbe Köln, zumindest das Linksrheinische, gehört haben.

Mit der Bestätigung für die beiden Stücke „L´inspecteur Toutou" und das für Puppen „Satinette, fille du diable ou Guignol amoureux", begann also ein weiterer wichtiger Schritt in meiner Arbeit für Pierre Gripari und schließlich auch für das deutsche (Kinder-)Publikum. Jetzt musste also auch das zweite Stück „Satina" auf´s Papier gebannt werden. Intuitiv und emotional war es ja schon fertig, es lag als Roh-Material zur Modellierung in meinem Kopf schon lange bereit. Auf Papier, sprich in einer fertigen „deutschen" Manuskript-Fassung hatte ich es aber leider noch nicht vorliegen. „Waldi" jedoch war ja bereits im Kinderhort mit und durch die Kinder uraufgeführt, und wurde, bestätigungshalber, auch noch im Original angesehen. Dort in Paris, wo das Stück mehrmals im Jahr immer noch gespielt wird.

Aber bei Satina. Da lag die Sache denn doch etwas anders! - Ein Puppenstück mit vielen Gedichten, die sich auch noch reimen sollten, mit Anspielungen, die für den deutschen Raum, na ja, vielleicht doch, ... oder vielleicht doch nicht?...

Jedenfalls, die Glut war entfacht und das Feuer brannte. Ein Wochenende und ein paar durcharbeitete Nächte und durch die Mithilfe einer glücklicherweise kompetenten und engagierten Lektoratsarbeit des deutsche Verlegers, und das Stück konnte schließlich durchaus seinen gleichwertigen Platz neben dem des „Wachtmeister Waldi" einnehmen, aber auch im Hinblick auf den des französischen Originals.

* **** *

Hier also liegen die Ergebnisse vor. Die ersten zwei (Kinder-)Theaterstücke des großen Franzosen Pierre Gripari. Es ist jetzt schon längst nicht mehr der „Anfang" der großartigen Werke dieses wunderbaren Literaten, aber in jedem Falle wird es längst nicht das Ende aller Übertragungen sein. Ob als gespieltes Theaterstück, als gesendete und ausgestrahlter bunter Trickfilm, ob als erzählte Geschichte durch den Mund seines immerfort agierenden Fans „Palabros de Cologne (Josef Mahlmeister)" in Form der einen oder anderen lebhaft, erzählten Geschichte oder auch nur als Buch von ihm.

* **** *

Er wird weiterhin leben. Lebendig bleiben. Lebendig in der Erinnerung, lebendig in Wort, Bild, Tat, im World-wide-Web genauso wie auf CD-Rom, im Buch und im Kopf vieler „Les Amis de Pierre Gripari", und nicht nur in Paris sondern in der gesamten Welt. Mit seinem Humor, mit seinem picksigen Dreizack wird dieser teuflisch gute Mensch nicht nur den Teufeln in der Hölle die Zeit angenehm zu vertreiben wissen. Wer einmal sein Werke kennengelernt hat, wird sie lieben und ihren ganz eigenen unvergleichlichen Wert immer zu schätzen wissen.

Mann muss ihn einfach lesen und kennen lernen. Dann bleibt Pierre Gripari unvergessen!

* **** *

Und dass er das bleiben wird, dafür haben wir der Teiresias Verlag, der Lektor Ralf Leppin und meine Kleinigkeit, das Beste mit dem bestem Wissen und Gewissen getan. Wollen wir hoffen, dass der Appetit zur Genüge angeregt wurde und der Hunger auf die wundervollen Werke beim Publikum so ungestüm werden möge, so dass man seiner noch mindestens auch die nächsten hundert Jahre noch gedenken werde. In diesem Sinne mag das Buch ein wichtiger Meilenstein sein, im Verstehen und Interpretieren dieses Pierre Gripari. Einer der eben nicht wie alle anderen war, sondern einfach besser, viel besser, genial, einfach unvergleichlich gut.

Nun gut. also: Guten Appetit!... ;-)

© Josef Mahlmeister

Engelshof
PROGRAMM
2010/2

2. Halbjahr

KINDERTHEATER

Theater Abgelehnt zeigt
Wachtmeister W. Aldi

So. 5.9.2010
ab 12 Uhr im Saal
Eintritt 5 €
pro Person

Halten Sie es für möglich, dass der Prinz sein Dornröschen nicht findet und eine ganze andere Frau heiratet? Wie wäre es, wenn der Wolf es gar nicht mehr auf Rotkäppchen und seine Großmutter absieht? Alles Unsinn, sagen Sie? Da kennen Sie aber Wachtmeister W. Aldi schlecht. Der gutmütige, aber etwas dumme Kerl bringt mit seinem Zauberspiegel und einem als Fundsache abgelieferten Zauberstab die ganze Märchenwelt durcheinander. Aber zum Glück gibt es Freunde. Mit Hilfe des klugen Zauberspiegels und der guten Fee Kohlrabi werden die Verhältnisse wieder richtig gestellt. Und wenn Sie nicht gestorb . . .

Eines der vielen Programme für die Aufführung von Pierre Griparis Märchen- und Kindertheaterstück "Wachtmeister Waldi" durch das Ensemble: "Theater Abgelehnt"

5. Ein zu Unrecht vergessener Erzähler

Leseproben - Nr. 16, August 1999, in: "DIE GAZETTE"

Gegen welche allgemein üblichen moralischen Prinzipien und Konventionen muss man denn noch verstoßen, um gehört oder gelesen zu werden? Pierre Gripari, der am 23. Dezember 1990 in Paris verstorbene großartige Erzähler, hat doch so ziemlich alle zu attackieren versucht.

Ob als Kommunist, als Homosexueller oder als kritischer Atheist ("Je suis un rêve!..."): Er hat mit seinen provozierenden Fragen, meist in wunderschöne Geschichten verpackt, doch wirklich jede Grenze zu überschreiten versucht, oder, wo das nicht ging, zumindest die Barrieren in Frage gestellt.

Und doch, wer kennt im deutschsprachigen Raum heute diesen Pierre Gripari? Wenige. Aber die wissen ihn zu schätzen und lieben ihn zumeist abgöttisch. Im Jahr 1925 als Franzose mit griechischer Abstammung in Paris geboren und dort auch aufgewachsen, wurde er erst recht spät bekannt mit seinen liebevollen Kindergeschichten aus einem kleinen Pariser Stadtviertel.

Seine "Contes de la rue Broca" erfand und erzählte er anfangs eigentlich nur für die Kinder in seiner Nachbarschaft. Und auch als Buch blieben sie im eigenen Lande.

Kürzlich, genauer im Dezember 1998, liefen diese Geschichten nun endlich auch in deutscher Synchron-Fassung, als kleine in sich abgeschlossene Zeichentrickfilme im Kinderkanal.

Es wird also nur eine Frage der Zeit sein, wann sie also auch als Buch in einem der größeren deutschen Kinderbuchverlage zu haben sein werden.

Doch nicht nur als Kinderbuchautor wird er geliebt, geschätzt und auch noch nach seinem Tode bewundert und geehrt. In Paris gibt es z. B. den Verein "Les Amis de Pierre Gripari", der in zwei Bulletins jährlich über Ereignisse um und über seine Werke auch noch lange nach seinem Tod ausgiebig berichtet. Und dieser Stoff geht eben nicht aus.

Ganz egal, ob als Übersetzungen in alle Weltsprachen oder in Inszenierungen seiner unvergleichlichen und wohl ewig zeitlosen Theaterstücke (nicht nur für Kinder) oder in Widmungen von anderen AutorInnen in deren Büchern: Gripari ist bekannt, wird gewürdigt, wenn auch leider bisher in einem nur kleinen, eingeweihten Kenner-Kreis.

Aber dieser Kreis wird größer. Wie gesagt, schlagen die (Sende-)Wellen auch allmählich auf die deutschen Länder über.

Sein bekanntes und bezauberndes Märchen-Theaterstück "L´inspecteur Toutou" etwa ist nun endlich, seit April 1999, unter dem Titel "Wachtmeister Waldi" nun auch auf Deutsch zu haben. In Paris regelmäßig aufgeführt, hat es in Deutschland, warum auch immer, noch keine Premiere erlebt. Doch dieser Tag wird kommen. Eben langsam, wie bei all seinen Werken; langsam, sehr langsam, aber sicher.

Der kleine Münchner Verlag Matthes & Seitz hat sich seiner Werke schon recht früh, nämlich im Jahr 1992 angenommen. Einige seiner zeitkritischen Texte wurden aus mehreren Werken ausgewählt und sind in den beiden Taschenbüchern „Kleiner Idiotenführer durch die Hölle" und „Göttliche und andere Lügengeschichten" erschienen. Darunter auch die zauberhafte kleine Kindergeschichte von dem kleinen Teufelchen, dessen sehnlichster Wunsch es ist, einmal in den Himmel zu kommen (und der dies dann auch schafft, nicht unbedingt zur großen Freude seiner Eltern, wie man sich denken kann).

Zeitweise (wie verständlich) vergriffen, wurden sie in der Serie Piper im November 1996 neu aufgelegt. Leider bleiben sie von vielen Menschen weiterhin unentdeckt.

Zu Unrecht, denn wer so viel für die französische Literatur geleistet hat wie Pierre Gripari, sollte seinen Ehrenplatz nicht nur dort im eigenen Sprachraum-Land erhalten, sondern weit darüber hinaus bekannt gemacht werden. Sein Schaffen umfasst bis heute zwanzig Bände, wobei er kaum ein Genre nicht behandelt hat. Seien es nun die Gattungen Roman, Gedicht, Theaterstück, überall im Bilderbuch oder auf CD und K 7 (Kassette): Pierre Gripari lebt in Wort und Bild weiter.

Aber es stellt sich die Frage: Warum wird er hierzulande kaum gelesen? Schreibt er zu gut oder schlecht? Die Frage lässt sich nicht einfach beantworten. Jedenfalls war nur einem einzigen Werk, den schon erwähnten „Contes de la rue Broca" zu seinen Lebzeiten der kommerzielle Erfolg beschert. Vielleicht ist das eine oder gar die signifikante Erklärung. Denn Gripari verstand sich mehr als Erzähler, denn als Schreiber. Er sagte einmal:

„Geschichten erzählen ist der schönste Beruf von der Welt, und die Freude, die man dabei erfährt, ist eines der seltenen Dinge, die nie trügen."

Und möchten Sie ihn und seine himmlisch-höllisch-zauberhaft-abgöttisch-gelungenen Geschichten nun selbst kennen lernen, ja dann kann ich nur noch auf diese beiden Taschenbücher verweisen.

Spätestens darin erfahren Sie, wie das Leben so spielt in dieser Welt, weil sie nämlich nur so nebenbei von einem kleinen spielenden Gott, der von seiner Mutter Gott behütet wird, ganz spielerisch erschaffen wurde. Sie dürfen dort sogar beim Jüngsten Gericht einem Interview beiwohnen, in dem Mohammed einer Journalistin seine leicht skurrilen Ansichten vom Rollenverständnis zwischen den Geschlechtern mitteilt. Ja, und wenn ihnen das noch nicht genügt, denn die Abenteuer des kleinen Teufelchens haben Sie doch sicherlich schon als erstes gelesen; dann informieren Sie sich doch darüber, was passieren würde, wenn Sie selbst einmal dem Weihnachtsmann oder dem Christkind Ihre eigenen Fragen stellen dürften, um sie so näher kennen zu lernen.

Das können Sie sich nicht vorstellen? - Nun, dann wird es aber allerhöchste Zeit. Ich sage nur: Kaufen. Lesen. Und sich verzaubern lassen. Und vielleicht hat dieser phantastische Autor danach wieder einen Leser oder eine ganze Familie mehr als Fans gefunden. In jedem Falle wäre es ihm zu wünschen. Ich wünsche eine besonders gute und ausgefallene Unterhaltung mit ihm.

Josef Mahlmeister

Pierre Gripari: Kleiner Idiotenführer durch die Hölle. Piper, München / Zürich 1996
ders.: Göttliche und andere Lügengeschichten. Piper Verlag, München / Zürich 1996

6. Die Leidenschaft namens Pierre Gripari

(zur Vorgeschichte der deutschsprachigen Übersetzung)

PIERRE GRIPARI (1925 - 1990) von Frankreich nach Deutschland

Sommer 1993
Erste zufällige Begegnung, in einer Phase der Arbeitslosigkeit, mit dem französischen Autoren und Erzähler *Pierre Gripari* durch Vorschlag einer Lehrerin mit seiner Geschichte *„Die Hexe in der Besenkammer"*. Es wurde Liebe auf den zweiten Leseblick. Von stund an beginnt *Josef Mahlmeister* seine umfangreiche Arbeit der Übertragung aller seiner Kindergeschichten ins Deutsche. Angefangen von den bekannteren aus der *„Rue Broca"*, einer Straße in Paris, bis hin zu zahlreichen noch weitaus Unbekannteren, besonders auch den Kinder-Theaterstücken dieses wundervollen französischen Schriftstellers.

Mai 1994
Eine positive Kritik trifft ein, vom Münsteraner **Coppenrath Verlag** für *„...die gelungene sprachliche Gestaltung im Deutschen... "* Franz.-Deutsch-Übersetzung von Josef Mahlmeister zur Pierre Gripari-Geschichte: *„Die verliebten Schuhe".*

Oktober 1995
Der Geschichtenerzähler Josef Mahlmeister wird endlich auch selbst Mitglied im *Pariser Verein der Gripari Freunde* ***„Les Amis de Pierre Gripari".***

Oktober 1995
Der Erzieher *Josef Mahlmeister* hat mit den Kindern seiner Hortgruppe *„Die Mäuse",* der Kath. Kindertagesstätte St. Paul in Köln, nach intensiven Proben das Stück ***„Wachtmeister Waldi"*** für die Eltern aufgeführt und auf einem Videoband (Dauer 95 Min.) für sich und die Nachwelt festgehalten.

Juni 1996
In Paris findet ein ***„FESTIVAL PIERRE GRIPARI"*** statt. Dort werden die drei Kinderstücke: *„Die Hexe in der Besenkammer", „Wachtmeister Waldi",* sowie *„Der liebe kleine Teufel"* gespielt.

Oktober 1996
In der jährlich 2mal erscheinenden französischen Zeitschrift ***„BULLETIN DE L´ASSOCIATON LES AMIS DE PIERRE GRIPARI"*** steht unter *BREVES,* ein Hinweis auf die bisher geleistete deutsche Arbeit und die Dez.-Vorstellung in Köln, des Geschichtenerzählers *und Gripari-Freundes* Josef Mahlmeister.

Dezember 1996
1. LESUNG mit Geschichten von Pierre Gripari in der Stadtteil-Bibliothek Köln-Braunsfeld (aus der Rue Broca, und anderen).

Dezember 1996
In der Wochenend-Ausgabe des ***KÖLNER STADTANZEIGER*** erscheint eine Todes-Annonce zum ***„6. Jahrgedächtnis"*** mit einem Vierzeiler zu Ehren + ewigen Erinnerung an Pierre Gripari. Initiiert von Josef Mahlmeister.

Juni 1997
2. LESUNG mit Geschichten von Pierre Gripari in der neuen Stadtteil-Bibliothek Köln-Mülheim.

Dezember 1997
In der Wochenend-Ausgabe des *KÖLNER STADTANZEIGER* erscheint eine weitere Todes-Annonce zum *„7. Jahrgedächtnis"* mit noch einem Vierzeiler zu Ehren + ewigen Erinnerung an Pierre Gripari. Initiiert von Josef Mahlmeister.

Juli 1998
Der Kölner *„EIG enfer LAG - Palabros de Cologne"* wird gegründet und markenrechtlich geschützt. Die *„Zaubergeschichten"* erscheinen neu, in 2. Auflage. Die Fortsetzungsbände *„G´schichtles"* + *„Kölner Gedichtles"*, enthalten persönliche *Widmungen* an Pierre Gripari. Das Wortspiel: „enfer" - *In der Hölle geboren, dem Himmel erkoren!* impliziert wieder einmal eine Phase der Arbeitslosigkeit.

Dezember 1998
Im KINDERKANAL wird die Zeichen-Trickfilm-Serie von Pierre Gripari, mit Bildern von Claude Lapointe, unter dem Titel: *„Die geheimnisvolle Rue Broca"* gesendet (Mo. - Fr. á 20 Min.).

Dezember 1998
Der Kölner Teiresias Verlag und der Autor und Übersetzer von Gripari Josef Mahlmeister erhalten vom Schweizer Verlag L´AGE D´HOMME, die Exklusiv-Rechte zur Übertragung, Veröffentlichung und Aufführung der beiden Gripari-Stücke: *„Wachtmeister Waldi"* und des Puppenstücks *„Satina Teufelstochter"*.

April 1999
Es erscheint *„WACHTMEISTER WALDI"* (incl. *„Satina Teufelstochter"*), als drittes deutschsprachiges Buch von Pierre Gripari, im Kölner Teiresias Verlag, übers. und bearb. von Josef Mahlmeister.

August 1999
Der Verlag und Geschichtenerzähler *„Palabros de Cologne ® "*, findet erstmalig auch regionale Beachtung. Er erhält eine kleine *finanz. Würdigung* der Bezirksvertretung Innenstadt Köln, *„...für seine kulturellen Aktivitäten"*.

In der Szene-Zeitschrift *„POLYZEI"* (**PO**etry & **LY**rik **ZEI**tschrift) erscheint das Gedicht *„Revolution"* von Josef Mahlmeister, aus seinem *Band „Kölner Gedichtles"* mit einem Hinweis auf Pierre Gripari.

Im Münchener Internetmagazin „Die Gazette", *(www.gazette.de)*, Hrsg. Fritz R. Glunk, erscheinen neben anderen Buchbesprechungen, auch die zu Pierre Gripari und seinen Werken in deutscher Sprache (Matthes & Seitz / Piper TB Ausgaben). Erstellt und initiiert von Josef Mahlmeister.

September 1999
Zum *„11. Kölner Bücherherbst"*, vom 2. - 5. Sept., präsentieren die beiden Kölner Verlage *Teiresias* und *Palabros de Cologne*, neben den bereits etablierten *„Zaubergeschichten"* von Mahlmeister, erstmals auch die neuen Stücke von Pierre Gripari dem deutschen Pu-

blikum. Andreas Blaschke, vom **FIGURENTHEATER KÖLN**, spielt in diesem Rahmen, die entscheidende Liebesszene zwischen Kasperl und dem Teufelsmädchen, mit Handpuppen, aus dem Stück *„Satina Teufelstochter"*.

Der verliebte Kasperl und Satina Teufelstochter

Sommer 2000
Das Kölner Ensemble *„THEATER ABGELEHNT",* präsentiert die erste <u>Deutschsprachige Uraufführung</u> von „Wachtmeister Waldi", in Köln, auf dem Neumarkt. Es sollen noch zahlreiche weitere Aufführungen folgen. (Seit dem Jahre 2008 auch schon mit vollständig neuem Ensemble).

August 2008
Seit dem 13. August 2008 gibt es die Person **„Pierre Gripari"** endlich auch im <u>deutschen</u> Wikipedia. Die Seite wurde angefertigt und integriert von Josef Mahlmeister. Von anderen Wiki-Mitarbeitern dann korrigiert, erweitert und vervollständigt (*Vielen Dank!*). Die Englische gab es bereits seit dem 11. Januar 2007. Im Spanischen gibt es sie noch nicht, aber sicher bald. Immerhin sind dort, seit dem 8. April 2009, auch schon *„Los cuentos de la calle Broca"* zu finden.

Mai 2011
Im Kölner Verlag *„Palabros de Cologne"* erscheinen nun, zum 20. Todestag von Pierre Gripari, am 23. Dezember 2010, nachträglich die dreizehn Erzählungen der *„Contes de la rue Broca"*, mit der ersten und vollständigen Übertragung ins Deutsche von Josef Mahlmeister.

KWS-Veranstaltungskalender Süd-West

Do. 12. Dezember

● Der Geschichtenerzähler Josef Mahlmeister stellt **um 16 Uhr** in der Stadtbibliothek (Aachener Straße 485) Werke des französischen Kinderbuchautors Pierre Gripari vor. Für Kinder ab 4 Jahre.

● **Um 18 Uhr** findet in der Gaststätte Raderscheid (Ecke Brüh-...-Schulze-Delitzsch-... -treffen

Mo. 16. Dezember

● Die Landsmannschaft Schlesien Bezirksgruppe Sülz trifft sich **um 16.30 Uhr** in der Krypta von St. Bruno zur Weihnachtsfeier.

● Die „Coloured Monday-Disco" beginnt **um 21 Uhr** im Bürgerhaus Stollwerck (Dreikönigenstraße 23).

Di. 17. Dezember

...Reihe „Experimentiert...

Eine Lesung im "Kölner Wochenspiegel", Köln 1996

Editions L'Age d'Homme

EDITION — DIFFUSION
Lausanne, le 10 octobre 1995

Monsieur Josef Mahlmeister
Stolzestr. 8
50 674 - COLOGNE - Allemagne

Cher Monsieur,

Nous avons bien reçu votre lettre à propos de Pierre Gripari, merci.

Tout ce que vous dîtes est fort sympathique et nous nous réjouissons d'avoir en vous et en Allemagne un diffuseur aussi enthousiaste de la littérature et du théâtre de Gripari.

Pour les droits : lorsqu'il s'agit de lectures, pas de prob...

GRIPARI - zwischen Köln, Paris und Lausanne 1995

7. Der französische Homme-o-sexuelle Kommunist und Atheist
Von Einem der auszog, die ganze Märchenwelt ins Wanken zu bringen!

Atheist, wer oder was das ist? - Oh, nein, Atheist, ja, das ist man nicht, Atheist wird man. Ich verweise da nur auf zwei der ganz Großen in der Weltliteratur, welche sind, oder anders welche es in ihrem Leben wurden: der Amerikaner Mark Twain und der Franzose Pierre Gripari. Aber was ist ein Atheist nun? - Einer für den das irdische Dasein nichts anderes ist als ein Traum. Einer der an nichts anderes mehr glaubt, als vielleicht noch an sich selbst, weil er da sicher sein kann, dass er niemals enttäuscht wird? - Ein Ungläubiger also, ein Ketzer und Gotteslästerer? - Ein Heide, oder gar, kaum wage ich es auszusprechen oder ja, gar nicht zu denken, ein schlechter, sprich: des Lebens unwerter Mensch? - oh nein, auch das muss nicht unbedingt der Fall sein.

Denn wer will sagen Twain habe sein Leben ohne Wert gelebt? - Wohl niemand!...

Atheisten sind beileibe sogar bessere Menschen will ich mal dreist behaupten, als andere, als Otto Normalbürger. Sie besitzen nämlich eine Fähigkeit, die nur wenigen Menschen zu eigen ist, denn: sie können „neben sich stehen". Sie können aus ihrer Haut heraus und in die eines anderen hineinschlüpfen. Sie können kurz gesagt „reflektieren".

Ja, diese simple Eigenschaft des Nachdenkens, des Sich-Einfühlen-Könnens in andere, auch Empathie genannt. Sie ist ihnen gegeben. Ihnen und einigen anderen wenigen Menschen mit besonderen Berufen. Im sozialen Bereich etwa, sind es manchmal zum Beispiel die Erzieher, und im literarischen Bereich eben diese unvergleichlichen wunderbaren Schriftsteller.

Sie sind bzw. werden im günstigsten Falle, durch den Glauben an eine gute Sache, die Suche nach einen Lebenszweck, einem alles andere belanglos werdenden Lebenssinn, sie werden früher oder später, sei es durch Kapitulation oder geschieht es durch eine wie auch immer geartete Erkenntnis. - Ja sie werden irgendwann dann zum Glaubenszweifler, zum kritischen alles hinterfragenden, der Naivität abhanden gekommenen Atheisten!

Und doch, gerade deshalb sind sie die wirklichen Engel, die wahrhaft zuverlässigen, echten, direkten und unverfälscht lebenden Menschen. Sie sind die Menschen, deren Wort man noch vertrauen kann, da ihre Werte, nicht gläubiger ethisch geformter Natur sind, sondern aus echter innerer durch Schicksalsschläge wie auch durch diversester eigener Erfahrungen gereifter Überzeugung gewachsen und im Innersten ihres Selbst akzeptiert und gelebt werden.

Ich vergöttere und bewundere meine Atheisten. Ich verehre ihre menschlichen Werke. Ich versage ihnen niemals den wohlverdienten Applaus. Für mich waren sie die eigentlichen Engel auf Erden und für mich wird es niemals mehr andere Engel geben, ob mit langem Haar oder wohlgeformter Figur, niemals Engel mit Flügel oder in jungfräulich reinem, weißem Gewand. Für mich werden Engel künftig immer nur tot und mit Pfeilen durchbohrt sein, in Liebe bestattet, gestattend mir nunmehr im Nachhinein anbetend, sie loben, andächtig betrachtend und glorifizierend zu rühmen das Werk ihres einmaligen Lebens im gläsernen Sarge.

Coppenrath Verlag KG · Postfach 36 20 48021 Münster

COPPENRATH VERLAG

Martinstraße 2 48143 Münster Tel. 02 51 / 4 22 25
Fax 02 51/ 4 25 25 · Bestellannahme Tel. 02 51/ 51 55 00
USt-IdNr. DE 126100742

Herrn
Josef Mahlmeister
Stolzestr. 8
50674 Köln

26.5.94

Sehr geehrter Herr Mahlmeister,

haben Sie herzlichen Dank für die Zusendung der Gripari-
Geschichte DIE VERLIEBTEN SCHUHE und für Ihr Angebot, weitere
Werke dieses Autors zu übersetzen.

Die Geschichte ist wirklich hübsch, gelungen auch die
sprachliche Gestaltung im Deutschen - nur, sie paßt leider
nicht ins COPPENRATH Programm. Wie Sie an den beigelegten
Verlagsprospekten ersehen können, machen wir in erster Linie
Bilderbücher für die Kleinen und Kleinsten, dabei aber
keinerlei Geschichtensammlungen.

Ich bin aber sicher, daß Sie bei anderen Verlagen auf großes
Interesse stoßen werden, vor allem bei denen, die eine
Taschenbuchreihe fürs Vorlese- und Erstlesealter im Programm
führen, so wie Arena, Ravensburger u.v.a. Denn die Geschichten
sind offensichtlich so phantasievoll und lebenspgall, daß sie
kaum der Illustration bedürfen.

Zur Briefkampagne für die deutschen Übersetzungen

Köln, den 13.02.1995

Übersetzungen von Pierre Gripari...
(bzgl.: meiner fertigen Übersetzungen)

Guten Tag, meine Damen und Herren!...

NEIN!

...ich kapituliere noch lange nicht!...

Dieser Autor »MUSS« einfach auf den deutschen Markt. - Nun gut, bzgl. seiner Werke für
Erwachsene bin ich vielleicht nicht ganz der richtige Vermittler. - Für den Bereich: Kind, Jugend

8. NACHWORT

Eigentlich würde ich gerne noch eine eigene Geschichte zur Geschichte dieser französisch-deutschen Übersetzungsarbeit hinzufügen. Ich machte so viele Entdeckungen, sammelte neue Erfahrungen, lernte Menschen und Dinge kennen, mit denen ich ansonsten nie konfrontiert worden wäre.

* **** *

Lustucru etwa, ist in Frankreich ein sehr bekannter Markenname einer Nudelfirma, so wie es bei uns etwa Birkel ist. Andererseits aber auch ein recht verzwicktes Sprachspiel, das zu entschlüsseln nicht ganz einfach war. Ich mußte Nachforschungen anstellen, um in etwa dem Sinn gemäß mich der wahren Bedeutung anzunähern. - Und nicht nur das, auch die Geschichte Frankreichs musste ich in dieser Geschichte genauer unter die Lupe nehmen, wollte ich keine gravierenden Fehltritte begehen.

* **** *

Auch bei der Sirene, in Frankreich wohl ein geläufiger Begriff für Kinder, im Deutschen eher unter der Bezeichnung Nixe oder Loreley (Brauchtum) bekannt, aktuell mit Disneys Arielle oder der griechischen Odysseus-Sage verbunden, musste ich Ursachenforschung betreiben. Mein Glück war es, dass das romanist. Institut der Kölner Universität dazu reichhaltiges Material zur Verfügung hatte.

Scoupidou, ist der Name, der auch in Deutschland so beliebten und bekannten bunten Freundschaftsbändchen. Ich fand sie ganz zufällig bei einem Spaziergang in einem kleinen Pariser Tante-Emma-Laden. Sie sahen fast aus wie lange Maccaroni, nur eben aus Plastik.

* **** *

Griparis Einstellung zur Kirche bedarf keiner weiteren Erklärung. Hat man seine Geschichten gelesen so fühlt man mehr darüber, als dass man dies mit Worten jemals umschreiben könnte. Das ewige Spiel von Gut und Böse spielt sich im Herzen ab und nicht im Kopf. Dies sei genug Erklärung!...

Zusammenfassend versuchte ich soweit möglich, immer wieder mit der Umgangssprache, gebräuchlichen Redewendungen und vereinfacheren Übertragungen ins Deutsche, die bestmöglichste Version heraus zu modellieren. Ob dies gelungen ist, mag der Leser beurteilen. Ich wünsche es mir!...

Als Erzähler, sagte Gripari einst: »*Ich schreibe nicht für das Auge, sondern für das Ohr*«. In diesem Sinne hoffe ich ebenso, dass seine eingängigen kleinen Verse im Deutschen nun auch ihren guten Klang bekamen. Falls das alles dann, vielleicht auch für´s Auge und Ohr (der Erwachsenen) Bestand haben wird, soll mir dies auch recht sein.

Köln, im Mai 2011   Josef Mahlmeister

B R È V E S

Fée du robinet (Ed. France 3 vidéo juniors, 115 F chacune). Tout cela reste fidèle à l'univers de Gripari malgré les contraintes occasionnées par la longueur des épisodes, et les dialogues ajoutés.

▲ Josef Mahlmeister tourne en Allemagne en contant Gripari, dans les écoles et les bibliothèques (c'est signe que si l'Amérique n'existe pas, comme nous l'a enseigné *Phosphore Noloc*, l'Europe elle, existe bel et bien). Pour le sixième anniversaire de sa mort il a fait paraître dans les pages nécrologiques du journal *Kölner Stadt-Anzeiger*, un encart à sa mémoire accompagné d'un quatrain, que nous a

traduit Pier-Luigi Locchi : « *Du warst so teuflisch gut, / Du gabst mir Lebensmut / Du warst so toll auf Erden, / So vie du wollt ich werden !...* » (Tu fus si internalement bon / Tu me donnas le courage de la vie / Tu étais sur terre si génial/ ...Tel que toi je voudrais devenir).

▲ Après [...] son talen[...] promette[...] Euripide [...] Damien B[...] découvre[...] il dit appr[...] particulié[...] l'humour. [...] adaptatio[...] *de la Foli* [...] au théâtr[...] connu un [...] succès. L[...] étaient e[...] convainc[...] convainc[...]

en scè[...] d'idées [...] drôles [...] représe[...] boites [...] éclaira [...] claque [...] fort. La [...] (celle [...] revue [...] nuit, a[...] l'auteu[...] l'acco[...]

9. LITERATURVERZEICHNIS
Empfehlenswerte Fachliteratur und ergänzender Sekündärliteratur

A) FACHLITERATUR

"Die Zaubergeschichten aus der Rue Broca"
Dreizehn Erzählungen für Kinder, ins Deutsche übertragen von Josef Mahlmeister
von Pierre Gripari, Palabros de Cologne, Köln 2011.

"Die Zaubergeschichten vom Zauberer Mirabellum & der Hexe Schlapperspeck"
Zehn Einschlaf- und Zaubergeschichten aus dem Stegreif für Kinder.
von Josef Mahlmeister. Palabros de Cologne, Köln 1992 / 1998.

"Märchen aus aller Welt zum Mitmachen":
Vorlesen, Erzählen, Singen.
von Horst Schwarz. Cornelsen Verlag Scriptor; 2009.

"Learning from the Land":
Teaching Ecology Through Stories and Activities [Englisch]
von Brian "Fox" Ellis. Libraries Unlimited Inc., 2011

"Dracko Drachenfresser"
von Cheryl Chapman. Palabros de Cologne, Köln 2006.

"Wachtmeister Waldi und Satina Teufelstochter"
(zwei KindertheaterStücke), in einer übersetzten Bearb. von Josef Mahlmeister,
von Pierre Gripari, Teiresias Verlag, Köln 1999.

B) SEKUNDÄRLITERATUR

"Ich bin ein Geschichtenerzähler"
von Klaus Kordon, Beltz & Gelberg Verlag, Weinheim 1988.

"Der tätowierte Hund"
von Paul Maar, Verlag Friedrich Oetinger, Hamburg 1989.

"Wenn der Meddah kommt"
von Kemal Kurt, Dressler Verlag, Hamburg 1995.

"Erzählen: Kunst oder Nicht-Kunst?"
von Kristin Wardetzky, auf: *www.erzaehlen.de*, Berlin, März 2005.

"Das Herz des Zauberers" (aus dem Englischen von Barbara Teutsch)
Neue Märchen - phantastische Kindergeschichten
von Edith Nesbit, Verlag Gerold Anrich (TB Reihe: extra), Kevelaer 1992.

10. LITERATURVERZEICHNIS - FRANZ. / DEUTSCH

Verfügbare und vergriffene Fachliteratur im Original und in deutscher Sprache

FRANZÖSISCH-SPRACHIGE WERKE :

* Pierre Gripari: Contes de la rue Broca. La Table Ronde, Paris 1967, ISBN 2-7103-0024-9.

* Pierre Gripari: Les Contes de la Folie Méricourt. Grasset Jeunesse, Paris 1993, ISBN 2-246-30672-8.

* Pierre Gripari: Inspecteur Toutou. Neuf en poche, l´école des loisirs. Paris 1984. ISBN 978-2-2110165-2-0.

* Jean-Charles Angrand: Le Tombeau de Pierre. Mit einem Nachruf von Yak Rivais zum Tode von Pierre Gripari. L´Age d´Homme, Lausanne 1996, ISBN 978-2-8251-0843-7.

* Les Dossiers H: Pierre Gripari. Erschien unter der Leitung von Anne Martin-Conrad. L´Age d´Homme, Lausanne 2001, ISBN 978-2-8251-1427-8.

DEUTSCH-SPRACHIGE WERKE :

* Kleiner Idiotenführer durch die Hölle. Erzählungen. Aus dem Französischen von Cornelia Langendorf und Hans Therre. Matthes & Seitz, München 1992, ISBN 3-88221-782-0 (Reprint Piper 1996).

* Göttliche und andere Lügengeschichten. Erzählungen. Aus dem Französischen von Cornelia Langendorf. Matthes & Seitz, München 1992, ISBN 3-88221-785-5 (Reprint Piper 1996).

* Die Zaubergeschichten aus der Rue Broca = Contes de la rue Broca / Pierre Gripari. Mit Ill. von Michael Kämpfer und Tine Decker. [Übers.: Josef Mahlmeister] Person(en)   Gripari, Pierre ; Kämpfer, Michael [Ill.] ; Mahlmeister, Josef [Übers.] ; Decker, Tine [Ill.] ; Cologne, Palabros de [Bearb.] Palabros de Cologne, Köln 2011. ISBN 978-3-9813632-0-3.

* Wachtmeister Waldi (inklusive dem Stück für Marionetten bzw. Stabpuppen: Satina Teufelstochter). Zwei Theaterstücke nach den Märchen der Gebrüder Grimm. Übersetzt u. für das deutsche Publikum bearbeitet von Josef Mahlmeister. Teiresias, Köln 1999, ISBN 3-9805860-7-3.

* Rezension im Kultur-Magazin „Die Gazette" (www.gazette.de), Nr. 16, zu den Werken von Pierre Gripari, von Josef Mahlmeister, München 1999.